浙江幼儿教育发展史

吕 苹 著

杭州出版社

图书在版编目(CIP)数据

浙江幼儿教育发展史/吕苹著. —杭州:杭州出版社,2009.10

ISBN 978-7-80758-268-7

Ⅰ.浙… Ⅱ.吕… Ⅲ.学前教育—教育史—浙江省
Ⅳ.G619.29

中国版本图书馆 CIP 数据核字(2009)第 155745 号

浙江幼儿教育发展史

吕 苹 著

本册责编	林发标	
封面设计	祁睿一	
出版发行	杭州出版社(杭州市曙光路 133 号)	
	邮编:310007　电话:0571-87997719	
制　版	杭州万方图书有限公司	
印　刷	杭州富春印务有限公司	
开　本	787×1092　1/16	
印　张	13	
字　数	212 千	
版　次	2009 年 10 月第 1 版	
	2009 年 10 月第 1 次印刷	
书　号	ISBN 978-7-80758-268-7	
定　价	30.00 元	

浙江文化研究工程成果文库总序

习近平

　　有人将文化比作一条来自老祖宗而又流向未来的河,这是说文化的传统,通过纵向传承和横向传递,生生不息地影响和引领着人们的生存与发展;有人说文化是人类的思想、智慧、信仰、情感和生活的载体、方式和方法,这是将文化作为人们代代相传的生活方式的整体。我们说,文化为群体生活提供规范、方式与环境,文化通过传承为社会进步发挥基础作用,文化会促进或制约经济乃至整个社会的发展。文化的力量,已经深深熔铸在民族的生命力、创造力和凝聚力之中。

　　在人类文化演化的进程中,各种文化都在其内部生成众多的元素、层次与类型,由此决定了文化的多样性与复杂性。

　　中国文化的博大精深,来源于其内部生成的多姿多彩;中国文化的历久弥新,取决于其变迁过程中各种元素、层次、类型在内容和结构上通过碰撞、解构、融合而产生的革故鼎新的强大动力。

　　中国土地广袤、疆域辽阔,不同区域间因自然环境、经济环境、社会环境等诸多方面的差异,建构了不同的区域文化。区域文化如同百川归海,共同汇聚成中国文化的大传统,这种大传统如同春风化雨,渗透于各种区域文化之中。在这个过程中,区域文化如同清溪山泉潺潺不息,在中国文化的共同价值取向下,以自己的独特个性支撑着、引领着本地经济社会的发展。

　　从区域文化入手,对一地文化的历史与现状展开全面、系统、扎实、有序的研究,一方面可以藉此梳理和弘扬当地的历史传统和文化资源,繁荣和丰富当代的先进文化建设活动,规划和指导未来的文化发展蓝图,增强文化软实力,为全面建设小康社会、加快推进社会主义现代化提供思想保证、精神动力、智力支持和舆论力量；另一方面，这也是深入了解中国文化、研究中国文化、发展中国文化、创新中国文化的重要途径之一。如今，区域文化研究日益受到各地重视，成为我国文化研究走向深入的一个重要标志。我们今天实施浙江文化研究工程，其目的和意义也在于此。

千百年来，浙江人民积淀和传承了一个底蕴深厚的文化传统。这种文化传统的独特性，正在于它令人惊叹的富于创造力的智慧和力量。

浙江文化中富于创造力的基因，早早地出现在其历史的源头。在浙江新石器时代最为著名的跨湖桥、河姆渡、马家浜和良渚的考古文化中，浙江先民们都以不同凡响的作为，在中华民族的文明之源留下了创造和进步的印记。

浙江人民在与时俱进的历史轨迹上一路走来，秉承富于创造力的文化传统，这深深地融汇在一代代浙江人民的血液中，体现在浙江人民的行为上，也在浙江历史上众多杰出人物身上得到充分展示。从大禹的因势利导、敬业治水，到勾践的卧薪尝胆、励精图治；从钱氏的保境安民、纳土归宋，到胡则的为官一任、造福一方；从岳飞、于谦的精忠报国、清白一生，到方孝孺、张苍水的刚正不阿、以身殉国；从沈括的博学多识、精研深究，到竺可桢的科学救国、求是一生；无论是陈亮、叶适的经世致用，还是黄宗羲的工商皆本；无论是王充、王阳明的批判、自觉，还是龚自珍、蔡元培的开明、开放，等等，都展示了浙江深厚的文化底蕴，凝聚了浙江人民求真务实的创造精神。

代代相传的文化创造的作为和精神，从观念、态度、行为方式和价值取向上，孕育、形成和发展了渊源有自的浙江地域文化传统和与时俱进的浙江文化精神，她滋育着浙江的生命力、催生着浙江的凝聚力、激发着浙江的创造力、培植着浙江的竞争力，激励着浙江人民永不自满、永不停息，在各个不同的历史时期不断地超越自我、创业奋进。

悠久深厚、意韵丰富的浙江文化传统，是历史赐予我们的宝贵财富，也是我们开拓未来的丰富资源和不竭动力。党的十六大以来推进浙江新发展的实践，使我们越来越深刻地认识到，与国家实施改革开放大政方针相伴随的浙江经济社会持续快速健康发展的深层原因，就在于浙江深厚的文化底蕴和文化传统与当今时代精神的有机结合，就在于发展先进生产力与发展先进文化的有机结合。今后一个时期浙江能否在全面建设小康社会、加快社会主义现代化建设进程中继续走在前列，很大程度上取决于我们对文化力量的深刻认识、对发展先进文化的高度自觉和对加快建设文化大省的工作力度。我们应该看到，文化的力量最终可以转化为物质的力量，文化的软实力最终可以转化为经济的硬实力。文化要素是综合竞争力的核心要素，文化资源是经济社会发展的重要资源，文化素质是领导者和劳动者的首要素质。因此，研究浙江文化的历史与现状，增强文化软实力，为浙江的现代化建设服务，是浙江人民的共同事业，也是浙江各级党委、政府的重要使命和责任。

2005 年 7 月召开的中共浙江省委十一届八次全会，作出《关于加快建设文化大省的决定》，提出要从增强先进文化凝聚力、解放和发展生产力、增强社会公共服务能力入手，大力实施文明素质工程、文化精品工程、文化研究工程、文化保护工程、文化产业促进工程、文化阵地工程、文化传播工程、文化人才工程等"八项工程"，实施科教兴国和人才强国战略，加快建设教育、科技、卫生、体育等"四个强省"。作为文化建设"八项工程"之一的文化研究工程，其任务就是系统研究浙江文化的历史成就和当代发展，深入挖掘浙江文化底蕴、研究浙江现象、总结浙江经验、指导浙江未来的发展。

浙江文化研究工程将重点研究"今、古、人、文"四个方面，即围绕浙江当代发展问题研究、浙江历史文化专题研究、浙江名人研究、浙江历史文献整理四大板块，开展系统研究，出版系列丛书。在研究内容上，深入挖掘浙江文化底蕴，系统梳理和分析浙江历史文化的内部结构、变化规律和地域特色，坚持和发展浙江精神；研究浙江文化与其他地域文化的异同，厘清浙江文化在中国文化中的地位和相互影响的关系；围绕浙江生动的当代实践，深入解读浙江现象，总结浙江经验，指导浙江发展。在研究力量上，通过课题组织、出版资助、重点研究基地建设、加强省内外大院名校合作、整合各地各部门力量等途径，形成上下联动、学界互动的整体合力。在成果运用上，注重研究成果的学术价值和应用价值，充分发挥其认识世界、传承文明、创新理论、咨政育人、服务社会的重要作用。

我们希望通过实施浙江文化研究工程，努力用浙江历史教育浙江人民、用浙江文化熏陶浙江人民、用浙江精神鼓舞浙江人民、用浙江经验引领浙江人民,进一步激发浙江人民的无穷智慧和伟大创造能力,推动浙江实现又快又好发展。

今天,我们踏着来自历史的河流,受着一方百姓的期许,理应负起使命,至诚奉献,让我们的文化绵延不绝,让我们的创造生生不息。

2006 年 5 月 30 日于杭州

浙江文化研究工程成果文库序

赵洪祝

　　浙江是中国古代文明的发祥地之一,历史悠久、人文荟萃,素称"文物之邦",从史前文化到古代文明,从近代变革到当代发展,都为中华民族留下了众多弥足珍贵的文化遗产。勤劳智慧的浙江人民历经千百年的传承与创新,在保留自身文化特质的基础上,兼收并蓄外来文化的精华,形成了具有鲜明浙江特色、深厚历史底蕴、丰富思想内涵的地域文化,这是浙江人民共同创造的物质财富和精神财富的结晶,是中华文化中的一朵奇葩。如何更好地使这一文化瑰宝为我们所用、为时代服务,既是历史传承给我们的一项艰巨任务,也是时代赋予我们的一项神圣使命。深入挖掘、整理、探究,不断丰富、发展、创新浙江地域文化,对于进一步充实浙江文化的内涵和拓展浙江文化的外延,进一步增强浙江文化的创新能力、整体实力、综合竞争力,进一步发挥文化在促进浙江经济、政治和社会建设中的作用,具有重要的现实意义和深远的历史意义。

　　改革开放以来,历届浙江省委始终高度重视社会主义文化建设。早在1999年,浙江省委就提出了建设文化大省的目标;2000年,制定了《浙江省建设文化大省纲要》;2005年,作出了《关于加快建设文化大省的决定》,经过全省上下的共同努力,浙江文化大省建设取得了显著成效。

　　浙江文化研究工程是浙江文化建设"八项工程"的重要内容之一,也是迄今为止国内最大的地方文化研究项目之一。该工程旨在以浙江人文社会科学优势学科为基础,以浙江改革开放与现代化建设中的重大理论、现实课题和浙江历史文化为研究重点,着重从"今、古、人、文"四个方面,梳理浙江文明的传承脉络,挖掘浙江文化的深厚底蕴,丰富与时俱进的浙江精神,推出一批在研究浙江和宣传浙江方面具有重大学术影响和良好社会效益的学术成果,培养一支拥有高水平学科带头人的学术梯队,建设一批具有浙江特色的"当代浙江学术"品牌,进一步繁荣和发展哲学社会科学,提升浙江的文化软实力,为浙江全面建设惠及全省人民的小康社会和实现社会主义现代化,提供强大的精神动力、正确的价值导向和有力的智力支持,为提升浙江文化影响力、丰富中华文化宝库作出贡献。

浙江文化研究工程开展三年来,专家学者们潜心研究,善于思考,勇于创新,在浙江当代发展问题研究、浙江历史文化专题研究、浙江名人研究、浙江历史文献整理等诸多研究领域都取得了重要成果,已设立10余个系列400余项研究课题,完成230项课题研究,出版200余部学术专著,发表大量的学术论文,产生了广泛而深远的社会影响。这些阶段性成果,对于加快建设文化大省提供了新的支撑力和推动力。

党的十七大突出强调了加强文化建设、提高国家文化软实力的极端重要性,并对兴起社会主义文化建设新高潮、推动社会主义文化大发展大繁荣作出了全面部署。为深入贯彻落实党的十七大精神,浙江省第十二次党代会提出"创业富民、创新强省"总战略,并坚持把建设先进文化作为推进创业创新的重要支撑。2008年6月,省委召开工作会议,对兴起文化大省建设新高潮、推动浙江社会主义文化大发展大繁荣进行专题部署,制定实施了《浙江省推动文化大发展大繁荣纲要(2008—2012)》,明确提出:今后一个时期我省兴起文化大省建设新高潮、推动文化大发展大繁荣的主要任务是,在加快建设教育强省、科技强省、卫生强省、体育强省的同时,继续深入实施文明素质工程、文化精品工程、文化研究工程、文化保护工程、文化产业促进工程、文化阵地工程、文化传播工程、文化人才工程等文化建设"八项工程",着力建设社会主义核心价值体系、公共文化服务体系、文化产业发展体系等"三大体系",努力使我省文化发展水平与经济社会发展水平相适应,在文化建设方面继续走在前列。

当前,浙江文化建设正站在一个新的历史起点上,既面临千载难逢的机遇,也面对十分严峻的挑战。如何抓住机遇,迎接挑战,始终保持浙江文化旺盛的生命力,更好地发挥文化软实力的重要作用,是需要我们认真研究、不断探索的重大新课题。我们要按照科学发展观的要求,全面实施"创业富民、创新强省"总战略,以更深刻的认识、更开阔的思路、更得力的措施,大力推进浙江文化研究工程,努力回答浙江经济、政治、文化、社会建设和党的建设遇到的各种新问题,努力回答干部群众普遍关心的热点问题,努力形成一批有较高学术价值和社会效益的研究成果。

继续推进浙江文化研究工程,是一件功在当代、利在千秋的事业。我们热切地期待有更多的优秀成果问世,以展示浙江文化的实力,增强浙江文化的竞争力,扩大浙江文化的影响力。

2008年9月10日于杭州

前　言

一、研究动态与意义

自 1903 年我国第一所官办幼稚园诞生以来,中国近代幼儿教育从无到有,历经百年风雨,已茁然壮大为中国教育事业的重要组成部分。国内学前教育界为纪念这一历程,由南京师范大学唐淑教授主持,研究出版了《百年中国幼教》(教育科学出版社 2003 年出版,笔者参与了浙江省资料的编辑工作)。该书对全国范围内近百年来幼儿教育的发展作了较全面的总结,而各省域幼儿教育发展历程的研究尚未开展。本书的研究可作为百年中国幼教研究的后续研究,填补浙江幼儿教育史的研究空白,是全国范围内首部区域幼儿教育史。另一方面,积极发展幼儿教育、全面提升幼儿教育的质量,将是浙江省教育发展的重点。因此,开拓浙江幼儿教育发展史的研究,不仅可以提升浙江幼儿教育在全国幼教界的地位和影响,而且对浙江教育今后的重点发展策略研究提供启示与借鉴,具有十分重要的现实意义。

关于浙江幼儿教育史的研究,已取得了一定的成果。一是最近十余年间陆续出版了浙江省教育志以及各地市教育志、各县教育志、乡镇志、浙江文史资料等四十余部,为研究提供了扎实的史料基础。二是《百年中国幼教》《新中国幼儿教育 50 年简史》等十余部中国幼教史著作、教材、大事记以及一定数量的幼教史论文的撰写,为浙江幼教史的研究提供了较为丰富的背景资料。三是关于浙江籍幼儿教育家的文集、传记的出版,如陈鹤琴、张雪门、张宗麟等人的著作都已整理出版,传记也已陆续出版,为进一步深入研究提供了文献资料。但针对浙江幼儿教育史的研究较为薄弱,有一些史料需考证与澄清,如浙江最早的幼儿园是小孩察物学堂还是杭州女子师范学堂蒙养院,对浙江幼儿教育发展规律与特点也有待把握,等等。

浙江历来为文教大省,民间素有重视蒙学之传统。她地处东南沿海,是我国对外开放最早的省域,也是最早出现近代西式幼稚园与重要的早期幼教师资培训机构的省域之一。浙江幼儿教育站在全国幼教改革与发展的前沿,获得了丰硕的成果。本书拟对浙江幼儿教育这灿烂曲折的百年发展历程和浙江教育家群体在中国幼儿教育发展过程中的贡献进行较为深入的梳理、分析和研究,勾勒出基本的发展线索和发展规律,充分肯定其历史地位和作用,丰富中国幼儿教育史和浙江教育史的内容,为浙江教育下一个五年计划的发展重点——浙江幼教的质量全面提升提供启示与借鉴。同时通过对浙江幼儿教育发展的文化成因等方面的探讨,达到弘扬浙江源远流长的地域文化和人文精神的目的。幼儿教育是整个教育领域中投入少、发展滞后的部分,它深受地域文化、民众生活的影响,有相对独特的发展规律,因此本课题也可为浙江省实施均衡化的教育发展策略、建设教育文化大省提供启示与借鉴。

二、研究思路与主要观点

其一,本书取名"发展史",旨在勾勒浙江近代幼儿教育从无到有、从小到大的发展历程。以每一个重大历史性发展时期为线索,分析发展的背景、原因,彰显发展成效,总结经验教训,探求发展特点与规律等,为今后的幼教发展提供借鉴与启示,并在此基础上进一步探讨西方文化与教育在历史长卷中如何与中国地域文化碰撞、冲突、交流乃至融合发展的过程和规律。浙江幼儿教育史是中国幼儿教育史的一个组成部分,要研究它的发展,必须把它放到中国幼儿教育发展长河中进行探索,才能发现其地域性的发展特点:一是基于深厚的地域经济和文化基础之上的幼儿教育的普及与提高;二是与幼儿教育的普及与提高相伴相生的民办幼儿园的坎坷发展,特别是改革开放后的迅速发展;三是浙江幼儿教育家群体为中国学前教育作出的开创性、奠基性的重大贡献。

其二,本书拟对百年来浙江幼儿教育的产生、发展的基本过程和规律予以梳理和总结,既重点论述重要幼儿教育制度和机构建立与发展的状况,也注意对各个时期浙江幼教的特点及发展原因的叙述。浙江历来为文教大省,人才辈出,文化底蕴深厚,民间素有重视蒙学之传统。早在东汉,上虞已经出现了蒙学性质的书馆,汉以后全省书馆不断发展,宋元时期达到高峰,蒙学机构遍及城乡,不仅有官办的小学,还有大量民办的义塾、家塾等,五六岁的小孩皆可入学。浙江学者编写的蒙学教材如南宋王应麟编写的《三字经》等是历史上具有代表性的教材。古代蒙学的发达与重视蒙学之民风为浙江省近代幼儿教育的萌生与勃兴奠定了厚实的人文基础。浙江省地处东南沿海,是我国对外开放最早的省域之一,为教育西风东渐之重地,近代西式幼稚园与重要的早期幼教师资培训机构——女学在浙江亦较早出现。如 19 世纪 80 年代,外国教会在宁波等地开办幼稚园;1844 年,美国传教士爱尔德赛在宁波创办女塾,培养了一些幼稚园保教人员。民国时期,浙江携中西文化交融之势,本土化、科学化的幼儿教育有所发展,不仅建立了一批幼稚园,还建立了属中国最早一批的幼稚师范和幼教研究机构。该时期的中国幼儿教育奠基人陈鹤琴与张雪门均为浙江人,他们的人生和事业起步在浙江。新中国成立后的 20 世纪 50 年代,在接收原有教会和私立幼儿园的基础上,积极举办大量公立幼儿园,建立幼儿师范学校(新中国建立后第一批设立),初步奠定了新中国幼儿教育事业的基础。"文革"中,杭州幼儿师范学校是全国唯一保留的幼师。改革开放以来,在大力提高幼儿教育一年和三年的普及率(至 2007 年全省学前教育三年普及率已达 90.99% ,名列全国三甲)、发展民办幼儿教育、发展农村幼儿教育、城市化进程中幼儿教育转型发展等方面获得了显著的成绩,积累了独特的值得推广的经验。值得一提的是,在中国近代幼儿教育从无到有的发展过程中,浙江教育家群体作出了许多开创性的重大贡献,奠定了本土化、科学化幼儿教育发展的基础和方向。这绝不是偶然现象,而是浙江省灿烂文化和历史传统的影响所致,且与地处沿海、较早接受外来文化的地域特点密切相关。

三、研究内容与基本方法

本书主要由五部分内容组成。第一章:萌芽——清末蒙养院的创办。本章介绍了浙江清末各地幼儿教育萌生的过程,如 19 世纪 80 年代教会在宁波等地举办的小孩察物学堂。1907 年举办的浙江第一所官办幼儿教育机构杭州女子师范学堂附属蒙养院,以及外国教会女塾的设立和杭州女子师范学堂保姆科的举办等。第二章:起步——民国期间的缓慢发展。本章勾勒了民国时期浙江幼儿教育的发展概况,如民国建立初期各地官办、民办蒙养园的设立,20 世纪二三十年代的幼儿教育发展的高峰,以及早期幼稚师范和教育实验与研究的开展。第三章:发展——新中国成立后的发展与曲折。本章描绘了新中国成立后浙江幼儿教育蓬勃发展的崭新面貌,如服务于工农群众的工厂、农村、街道幼儿园的广泛设立,独立幼儿师范学校——杭州幼儿师范学校的设立。尽管“文革”期间经历了曲折,但瑕不掩瑜,新中国幼儿教育真正走向大众化、科学化,获得蓬勃发展是有目共睹的。第四章:兴盛——改革开放后的迅速发展。本章谱写了改革开放后浙江幼儿教育的崛起与迅速发展的时代新篇章,如幼儿教育入学率的迅速提高,三年幼儿教育的普及,民办幼儿园的崛起以及高等幼儿师范教育与群众性教育研究的发展等。第五章:人物——浙江籍幼儿教育家的理论与实践。本章收录了浙江籍幼儿教育家的主要理论与实践,并结合他们的人生经历作了文化分析,以凸显浙江幼儿教育家群体对中国幼儿教育作出的开创性贡献与浙江省灿烂悠久的地域文化之间的密切关系。为更直观、生动地揭示浙江幼儿教育百年发展历程,笔者在每个发展阶段精选具有代表性的幼儿园作为章末附录。如蔡氏星荫蒙养园、私立弘道女学附属蒙养园都是延存至今的百年名园,前者是张雪门创办,后者为教会办女师的附属园,在浙江幼教历史上颇负盛名。而省府机关北山幼儿园等五所幼儿园是新中国成立初期兴办的各种类型幼儿园的代表。它们中有机关办的,有工厂办的,有农村办的,还有学校办和街道民办的幼儿园。嘉善县魏塘幼儿园则是"文革"时期坚持办园的代表。改革开放后所选的幼儿园代表了新时期各类幼儿园的发展。春华幼儿园是温州民办幼儿园的缩影,宁波宝韵幼儿园是侨胞出资举办的例子,杭州笑笑幼儿教育集团则是浙江省最早成立的民办幼儿教育集团之一。

　　笔者以历史文献法和人物访谈法作为基本的研究方法,查阅了大量有关浙江幼儿教育的历史文献,访问了许多重要幼教人士和幼儿教育机构,获得了珍贵的一手资料。其间得到了很多专家学者、幼教事业工作者的热情帮助,特此致谢!

目　　录

第一章　萌芽——清末蒙养院的创办

第一节　蒙养院的创办

一、浙江古代重视蒙学之传统

我国古代学校教育分为小学、大学两个阶段,小学阶段的教育从 8 岁左右到 15 岁左右,为蒙养阶段的教育,故小学亦称蒙学。在我国古代尚未出现社会式幼儿教育机构,因此,严格来讲并没有近代意义上的幼儿教育,未到上小学年龄的孩子只在家中受教育,幼儿教育融合于家庭教育之中。

浙江蒙养阶段的教育发轫较早,东汉建武十一年(公元 35 年),上虞已经出现了蒙学教育机构——书馆①,一般招收 8 岁小童入学,但受及早施教思想的影响,4—6 岁的孩童多有入学者。汉及以后,蒙学教育得以不断发展。宋元时期,浙江的蒙学教育得到很大发展,蒙学教育机构遍及城乡,并逐渐多样化,既有官府办的官学,也有大量的民间办的私学。官办的蒙学有各州县学的附设小学及设立在乡村地区的社学,民间办的蒙学有义塾、家塾、冬学等多种形式。义塾是由私人集资主办或官府拨款资助的免费学塾,招收家境贫寒子弟入学。当时的绍兴府各县都办有义塾。家塾由官宦之家和富户大族举办,延聘教师在家中或在族中授学,教育本家或本族子弟。冬学是指一些乡村利用农闲时节对农家子弟进行启蒙教

---

① 张彬主编:《浙江教育史》,浙江教育出版社 2006 年版,第 142 页。

育的形式。民间蒙学的多样性,在一定程度上表明了浙江历来就有重视儿童教育之传统。

蒙学教育最初没有固定的学习年限,大多采用个别教学。唐末以后,由于科举制度的实施和逐渐完善,蒙学教育也形成相对稳定的教学内容和程序,进行读书、习字、作文教学,为学童以后进入官学以及应科举打好基础。蒙学教学内容主要有初步的道德行为训练和基本的文化知识技能学习两个方面。学童入学先教识字,教材主要有《百家姓》《三字经》《千字文》《神童诗》《千家诗》《幼学琼林》等。宋代以前的蒙学教材多以识字读本为主,宋元时期开始出现分类编写的教材。浙江学者编写的蒙学教材在当时颇具代表性,如识字教材中最为著名的《三字经》是南宋时期鄞县人王应麟所作。《三字经》只有一千余字,但概括性极强,蕴涵的内容非常丰富,仅用三百余字便概括了中华五千年的历史变迁,且编写独到高明,深入浅出、言简意赅,三言成韵、六字成句,朗朗上口,令儿童百读不厌,是古代童蒙读本中的难得佳作。此外,侧重于对儿童进行伦理道德教育的《童蒙训》和《少仪外传》分别为南宋婺州(今浙江金华地区)的吕本中和吕祖谦编写;流传很广的诗歌类教材《神童诗》是北宋鄞县的汪洙所作;内容涉及天文、地理、人事、鸟兽、草木等常识的教材《名物蒙求》为南宋状元淳安人方逢辰所编写,此书结合儿童的生活实际介绍生活常识,别具特色,堪称儿童的小百科全书。

概而言之,浙江古代民间素有重视蒙学之传统,不仅发端较早,而且影响也大,特别是宋时的蒙学教育对后世影响深远。民间的蒙学教育经过千余年的积累,底蕴深厚,深深浸润入民风与民众心理,为日后浙江近代幼儿教育这支奇葩的孕育与盛开积淀了充分的空气、土壤与养料。

二、浙江近代幼儿教育之萌生

鸦片战争后,随着《南京条约》的签订,浙江的宁波成为最早对外开放的五个通商口岸之一。西方传教士从此纷至沓来,他们纷纷创办教会学校,向儿童灌输教义,以更好地达到在中国传教的目的。1844 年,英国基督教长老会东方女子教育会传教士爱尔德赛(Aldersey)到宁波传教,在宁波城内祝都桥开办女塾。① 该校开设圣经、国文、算术和一些缝纫、刺绣等女红课，培养了一些幼稚园保教人员。它是浙江第一所教会学堂，也是中国第一所近代女子学校。19世纪80年代，《天津条约》与《北京条约》的签订，使外国传教士取得进入中国内地传教、办学、置产等特权。《烟台条约》使温州于1897年开埠。教会势力以通商口岸为切入口，逐渐向各地扩展，浙江遂成为教育西风东渐之重地。美国浸礼会、监理会，英国的圣公会、循道会等陆续在宁波、杭州、湖州、嘉兴、金华、绍兴、台州、定海、温州等地开设男女学塾。至1910年，浙江全省各类教会学校共有29所，其中女校10所。② 这些教会学校的建立时间，远早于国人自办的公、私立新式学堂，尽管创办者有文化侵略的目的，但它们对于浙江教育的近代化而言，无疑具有开风气之先的作用。特别是女子学校的设立，给予了女子受教育的机会，打破了我国封建社会千余年来无女学的传统，开辟了中国近代女子教育之先河。女学的兴起，一方面为近代幼儿教育机构的产生准备了师资条件；另一方面，女子受教育是女子走向社会、成为社会劳动生产者的基本条件，它为近代幼儿教育机构的产生孕育了深层次的真实的社会需求。外国教会在浙江各地举办的各式学堂中也包括近代幼儿教育机构，早在19世纪80年代，教会就在宁波举办小孩察物学堂（即幼稚园）。③ 小孩察物学堂一般附设于教堂或教会女校，仿照西方幼稚园制度，教师为牧师夫人或女传教士，学生男女兼收，教学内容重视宗教灌输和知识启蒙，故用"察物"命名。早期的教会幼稚园客观上为国人举办近代幼儿教育机构提供了借鉴，从这个意义上说，其对浙江幼儿教育的萌生起了一定积极作用。

随着西方列强的入侵和中西贸易的开展，洋货充斥浙江市场，原有的封建农业与手工业经济受到冲击而解体，新兴民族工商业在宁绍平原生根开花，继而发展到浙江各地。由于近代民族工商业的发展，浙江在清末民初逐渐形成了开明绅商阶层，他们从小受到传统教育的熏陶，社会转型

---

① 张彬主编:《浙江教育史》,浙江教育出版社2006年版,第323页。
② 同上,第324页。
③ 唐淑、钟昭华主编:《中国学前教育史》,人民教育出版社1993年版,第83页。

后投身于实业与商界,在艰难的时势中,他们认识到中国缺乏的不是物产,而是人才,但传统儒学培养不了新式人才,必须兴办大量的西式学堂,培养出拥有实技的新式人才来纾解国难。另一方面,较为发达的近代工商业急需大量新式人才,对近代西式教育产生了极为现实的需要。因此,在清末兴学中,浙江富有特色的是开明绅商的民间办学。据 1909 年统计,全省官办学堂仅有 209 所,私人独立创办的学堂却有 225 所,而众人集资创办的学堂多达 1506 所。① 由此可见,浙江经济的近代化促使了整个社会的近代化进程,也衍生了包括社会式幼儿教育在内的近代西式教育。

　　1895 年清政府在中日甲午战争中的失败与《马关条约》的签订,使广大知识分子觉醒,要求维新变法的呼声遍及全国。此后 1898 年的百日维新虽然失败,但要求维新变革的思想已深入人心。1900 年后,清政府迫于形势,不得不在文化教育等方面作出了某些变革。在学制上,1902 年清政府颁布了《钦定学堂章程》,但未施行。1904 年,又颁布了由张百熙、张之洞、荣庆重新拟订的《奏定学堂章程》,其中包括《奏定蒙养院章程》及《家庭教育法》。该《章程》将社会式幼儿教育机构定名为蒙养院,列入学制系统的初等教育阶段。规定蒙养院学制 4 年,招收 3—7 岁幼儿,通过游戏、手工等方式进行教育,宗旨是:"发育其身体,渐启其心智,使之远于浇薄之恶风,习于善良之轨范。"《章程》还规定:蒙养院设于育婴堂和敬节堂内;教师称"保姆",由乳媪和节妇训练而成;"蒙养家教合一",强调家庭教育。《奏定蒙养院章程》是中国第一个学前教育法规,它是中国近代幼儿教育在制度层面诞生的标志。而后,全国各省包括浙江相继施行该《章程》。虽然步履蹒跚,但近代幼儿教育终于在浙江落地生根了。

三、清末各地蒙养院之发轫

　　虽然《奏定学堂章程》1904 年就颁布了,但由于新学制只规定保姆由乳媪和节妇训练而成,没有真正解决幼儿教育师资问题,因此,在《章程》颁布后的最初几年里,只是在湖北、湖南等地设立了一些聘请日本教师的官办示范园,蒙养院并未在各省推广。直至 1907 年清政府颁布《女子小

---

　　① 　张彬:《从浙江看中国教育近代化》,广东教育出版社 1996 年版,第 99—100 页。

学堂章程》与《女子师范学堂章程》,女学开禁,师资问题得以解决,蒙养院才在浙江等各省推广设立。1907年初,经郑在常等呈请,由邵章、陈敬第于1904年开办的杭州女学堂改为杭州女子师范学堂,并附设蒙养院,当时有幼儿20人,教员3人,岁入岁出经费在686—720银元之间,是全省第一所幼儿教育机构。① 自此,浙江各地县多已设有蒙养院。是年,温州乐清县设蒙养院1所,院址在城内东门(今乐清市委党校址)。海宁盐官镇正蒙女学堂设蒙养院,学制4年,招收3—6岁幼儿。金华县城区设蒙养院1所,招收幼儿30人。云和县设有蒙养院3所,招收幼儿64人。松阳县创办蒙养院,招收幼儿47人。嵊县创办蒙养院1所,招收女童37人,一年后停办。1908年,西安县(今衢州市区和衢县县城)淑德女子小学堂附设蒙养班,有幼儿七八人,教员1人。遂昌县城创办蒙养院1所,招收幼儿25人,后因教养管理困难,经费设备缺少,于次年停办。虽然在1907年前后浙江曾在各地县尝试设立幼儿教育机构——蒙养院,但多因经费、师资、生源等问题难以为继。省学务公所于1909年统计,不包括私立与教会学堂在内,全省只有蒙养院1所(即阖省公共学堂),教员3人,职员1人,幼儿18人。②

　　20世纪初,外国教会在浙江设立的幼稚园据各地县教育志可考的有2所。1907年,法国天主教会在绍兴府城八字桥设仁慈堂,招收教徒子女,兼收弃婴,由保姆数人主持保教工作。幼儿达到学龄后,多上该教会办的培德学堂。同年,美国基督教监理公会办在吴兴县的湖郡女学堂内附设蒙养院,有幼儿20余人,教员1人,蒙养院占地3000平方米,入园幼儿仅限于传教士和教徒子女。先后改名湖郡女校幼稚园、海岛幼稚园、湖郡幼稚园。1935年的收费标准为每学期收费8.5元,不包括其他费用,不附膳,园内设备良好,教具、玩具购自美国。女校设钢琴科,幼儿也可择优练琴(另行交费)。解放后,改称私立湖郡女子中学附属小学附设幼儿园,1953年由当地人民政府接管。

---

　　① 浙江省教育志编纂委员会编:《浙江省教育志》,浙江大学出版社2004年版,第173页。

　　② 同上。

　　综上所述,清末浙江在 1907 年女学开禁后,力图在全省范围内推广设立了一批近代幼儿教育机构——蒙养院,虽然这批蒙养院并不成熟,数量不多,且大多附设于女子学堂,教学模仿日本幼儿园,举办时间也不长,但毕竟有了第一批近代幼儿教育机构。与全国同期的幼儿教育发展相比,这些蒙养院设立时间比较早,分布遍及全省,且比较均衡,既有宁绍、浙北平原,又有浙中、浙南山区,并不集中于主要城市。可见浙江近代幼儿教育不仅发轫较早,而且底蕴深厚,从发轫始就得到较为广泛的关注,影响遍及全省。究其原因,不仅与受西方经济、文化、教育的影响有关,还与千余年来深厚的文化底蕴和重文重教的民风紧密相关。值得一提的是杭州女子师范学堂所附设的蒙养院,它是浙江省内国人最早创办且质量较好的幼儿教育机构,教员配备较合理,且与保姆科并设,为教学实习所用,师资受过专业训练,教学上易于革新,办园质量也有所保证。总之,这些蒙养院在办理过程中获得的一些办学经验和教训,为浙江幼儿教育的进一步发展奠定了基础。

第二节　蒙养院的保育与教育

一、蒙以养正,蒙养家教合一

　　1904 年颁布的《奏定蒙养院章程》及《家庭教育法》规定,蒙养院的教育宗旨是"蒙以养正,蒙养家教合一"[①]。教育对象是"专为保育教导三岁以上至七岁之儿童"[②]。教育目标有四项:"一、保育教导儿童,专在发育其身体,渐启其心智,使之远于浇薄之恶风,习于善良之轨范;二、保育教导儿童,当体察幼儿身体气力之所能为,心力知觉之所能及,断不可强授以难记难解之事,或使为疲乏过度之业;三、保育教导儿童,务留意儿童之性情及行止仪容,使趋端正;四、儿童性情极好模仿,务专意示以善良之事

---

　　① 中国学前教育史编写组编:《中国学前教育史资料选》,人民教育出版社 1989 年版,第 93 页。

　　② 同上。

物,使则效之,孟母三迁即此意也。"①从中可见蒙养院的教育是洋务派在"中体西用"教育思想指导下,学习西方学前教育制度,改良中国旧教育的一次尝试。它虽力求形式上学习模仿西方近代学前教育制度,但仍以"蒙以养正,蒙养家教合一"作为蒙养教育的目的,把蒙养教育作为家庭教育的补充,纳入为封建统治服务的轨道。从其教育目标可见,《章程》还是兼顾了教育的有效性与可能性,较多考虑儿童的年龄特征,承继了中国古代儿童教育的传统思想,虽有其保守性的一面,但不失为"中体西用"的教育改革的尝试。此《章程》实施长达 10 年,对我国近代学前教育机构的保育与教育产生了深刻的影响。

二、日本式保育与教育

早在 20 世纪初,梁启超在《教育政策和议》一文中,就提出仿效日本的学制设立幼稚园。其后,介绍日本幼稚教育的文章有所增加,日本幼稚教育在中国的影响逐渐增大。1902 年壬寅学制的制定与 1903 年癸卯学制的颁布与实施都深受日本幼稚教育的影响。可以说,两学制中的保育教导要旨都是从日本 1899 年 6 月制定的《幼稚园保育及设备规程》推阐而来。因此,清末民初的幼儿教育是以日本的幼儿教育为参照的,谓之日本式的保育与教育。当时浙江省内国人自办的蒙养院实行的也多是日本式的保育与教育,但没有统一的课程与教材。蒙养院的保育项目,主要仿照日本,设立游戏、歌谣、谈话、手技等。② 游戏包括幼儿各自活动的随意游戏和幼儿集体活动的同一游戏,目的是使幼儿心情愉快、性格活泼、身体健适,养成幼儿爱众乐群的习气。歌谣主要是平和浅易的小诗,如古人的短歌谣,其目的在使幼儿耳目喉舌运用舒展,性情和悦。谈话着重选择幼儿易解、有兴趣的常见天然或人工物件,与幼儿对话,使幼儿认识事物,学会表述和演说。手技则给幼儿提供各种木片、竹签、纸张、黏土等材料,

---

①　中国学前教育史编写组编:《中国学前教育史资料选》,人民教育出版社 1989 年版,第 96 页。

②　浙江省教育志编纂委员会编:《浙江省教育志》,浙江大学出版社 2004 年版,第 183—184 页。

使幼儿学作各种生活物体形状,如房屋门户、碗壶等形,引导幼儿手眼的使用,开发其心智意兴。每日保育时间不得超过4小时。

据浙江省及各市县教育志记载,清末蒙养院的保育方法,已经注意到幼儿的年龄特点,针对幼儿好模仿的特点,从儿童最易通晓的事情和最喜好的事物出发,逐渐启发涵养,反对"督以空言"、"恶詈扑责",与初等小学的分学科的教学方法迥然不同。条件较好的蒙养院实行自编卫生保健教材,注意对幼儿卫生教育和健康习惯的培养,在幼儿一日活动中,合理安排作息时间,有课间休息、自由游戏、吃点心、午睡等项目,规定幼儿吃点心前要洗手,教员要带领幼儿到户外、到自然界活动,呼吸新鲜空气。这些蒙养院都能比较注重在房舍及场地建设方面有益于幼儿的安全与保健,根据《奏定蒙养院章程》及《家庭教育法》的规定,各蒙养院卫生设施均按小学堂的规定配置。院内设游戏室、保育室,做到室内有寒暑表、暖房器等。蒙养院的房舍用平房,不建楼房,以免儿童上下楼不安全。如杭州女子师范学堂附属蒙养院房舍宽敞,设施较齐备。在保育教导幼儿活动中注意促使幼儿五官运用舒畅、手脚灵活,以帮助发展其身体。在活动中注意安全、防范发生伤害事故。吴兴县湖郡女学堂附设的蒙养院占地3000多平方米,设有幼儿活动室、保育室等。由于当时的蒙养院(园)规模较小,管理一般设院董事1人,一般由承办的女学负责人兼任,负责管理院内一切事务;入院幼儿多的二十来人,少的七八人,年龄不一,多为混合班;一般配备1—3名教师,负责对幼儿的保育及教育。

虽然清末蒙养院的教育模式都是抄袭日本的,但事实上其进步作用是不可忽略的。日本式的保育与教育比较欧美的样式,虽比较呆板,但更符合中国人的文化与教育习惯,所以最初引进中国的幼儿园保育与教育都是日本式的。由于日本式的幼稚园为日本人和少数中国人依照过时的日本方式办理,自身存在许多弊端,如形式上已经小学化,设备上也很陈旧,到五四新文化运动后其主导地位逐渐被欧美式的保育与教育所取代。

第三节　蒙养院师资的培养

一、最早的幼儿教师——节妇、乳媪

浙江近代最早的幼儿园教师来源较为复杂,主要是敬节堂的节妇和育婴堂的乳媪,还有部分是传教士或教会女塾的学生。1904 年"癸卯学制"颁布后,确定实施学前教育的机构——蒙养院设在敬节堂或育婴堂内。由于清政府禁女学,癸卯学制规定蒙养院的师资(保姆)由节妇和乳媪充任。敬节堂是封建社会收留有节操的寡妇的场所,被收留的寡妇称为"节妇";育婴堂是封建社会收养弃婴和孤儿的场所,其内乳媪的职责是喂养和照顾这些孩子。节妇与乳媪的文化水平一般都不高,虽有所谓的敬节学堂和育婴学堂对她们进行一定的训练,但只不过让他们读一些封建的女子教材和相当于小学二三年级水平的识字、算术课本,其水平可想而知。如此看来,节妇和乳媪是当时无合格师资情境下的应急之策。

清末教会在浙江办了一些女塾,最早的是英国基督教长老会传教士爱尔德赛于 1844 年在宁波开办的女塾。① 这些女塾除了教妇女宗教教义以外,还教一些粗浅的文化知识和家政家教知识。其中一些优秀者被吸收为教会办的幼稚园和其他幼稚园的教师。因此,教会幼稚园的师资并非都是传教士,其中有一部分是教会女塾的中国女学生。

二、杭州女子师范学堂保姆科的设立

1907 年清政府女学开禁,颁布《学部奏定女子师范学堂章程》,规定女子师范学堂主要培养小学堂和蒙养院的师资。该《章程》规定,女子师范学堂的培养目标是:"以养成女子小学堂教习,并讲习保育幼儿方法,期于裨补家计,有益家庭教育。"学校招收高小毕业生,学制 4 年。《章程》规定的教育类课程涉及幼教,体现一定的幼师特点;其要旨在于使女师范生理会女子小学堂教育、蒙养院教育及家庭教育之旨趣法则,并修养为教育

① 何晓夏主编:《简明中国学前教育史》,北京师范大学出版社 1990 年版,第 89 页。

者之精神。其教课安排为："先教以教育原理，使知心理学之大要及男性女性之别，并使其明解德育、智育、体育之理；次教以家庭教育之法；次教以蒙养院保育之法；次教以小学堂一切教授管理训练之法，并使知家庭教育与学堂教育之关系，及家庭教育与国家之关系；次使于附属女子小学堂及蒙养院实地练习教授生徒及保育幼儿之法则。"①该《章程》的颁布标志着我国幼儿师范教育的诞生。

　　随之各地开始建立女子师范学堂，兼培养蒙养院的师资。在实际的举办过程中，一些省立的女子师范学堂纷纷开设保姆科，专门培养蒙养院的师资。浙江省是其中举办较早、较规范的省份。1907年秋，杭州女子学堂改称的杭州女子师范学堂设保姆讲习所。该讲习所是年招收18岁以上女子20名，修业1年，学习课程有：修身、国文、教育学、儿童心理学、保育学（含手工等）、理科、算术、图画、唱歌、游戏、体操。同时，讲习所附设当时浙江全省第一所幼儿教育机构——杭州女子师范学堂附属蒙养院，作为保姆实习保育法的场所。无论从开设的课程，还是附属蒙养院的设立，都可看出杭州女子师范学堂设保姆讲习所是专门培养蒙养院师资的机构，它已超越了《学部奏定女子师范学堂章程》提出的兼培养蒙养院的师资的要求。

---

① 中国学前教育研究会编：《百年中国幼教》，教育科学出版社2003年版，第81页。

第二章　起步——民国期间的缓慢发展

第一节　蒙养园、幼稚园的设立

一、民国初年蒙养园的建立

1912 年中华民国建立后，以孙中山为首的南京临时政府推行了一系列政策法令。教育上，在第一任教育总长蔡元培的领导下，全面改革封建主义教育，颁布"壬子癸丑学制"，改蒙养院制度为蒙养园制度。该学制确定了蒙养园在学制体系中的地位，但不占学制年限，未构成学制系统的一级。同年，又颁布《师范学校教育令》和《师范学校规程》，规定女子师范学校和女子高等师范学校应附设蒙养园。该规定不仅提高了幼儿教育的地位，而且促进了蒙养园的建立。

虽然浙江在 1907 年前后设立了最早的一批蒙养院，但大多已夭折，至 1912 年前夕，全省仅杭州女子师范学校附设蒙养园及教会办的惠儿院各 1 所，在园（院）幼儿共 16 名，教职员共 3 人。① 幼儿教育发展之薄弱可见一斑。民国建立后，随着蒙养园在各地的开办，浙江幼儿教育才真正有所发展。

据《崇福镇志》记载，1910 年，崇德县人蔡庆云女士与其女汪吟霞在崇德镇西横街创设"汪氏女塾"。1912 年，汪氏女塾附设蒙养园，招收幼

---

① 浙江省教育志编纂委员会编：《浙江省教育志》，浙江大学出版社 2004 年版，第 174 页。

童入学。此为可考的浙江省最早的国人自办的民间幼教机构。据各地县志可考,1915 年,海宁盐官设县立蒙养园,在园幼儿 10 余人,教员 1 人;嘉兴县创办私立蒙养园 1 所;绍兴县孙德卿创办私立蒙养园 1 所。1916 年秋,杭州私立弘道女学设幼稚师范科,并在法院路创设附属蒙养园,首届招收幼儿 22 名,园长为周觉昧。它是杭州最早的教会幼教机构,采取设计教学,以启发儿童之本能及陶冶其品性,保教工作较正规。同年,湖州私立民德女子中学设半日蒙养园。1917 年,私立培根幼稚园创建于杭州古荡湾,园长为华树基,入园幼儿 39 人。1918 年,吴兴县立女子师范学校在附属小学内设幼稚园,孝丰县私立王氏小学校设幼稚班。同年,平阳县鳌江国民高等小学附设蒙养园,该园有保姆 1 人,每日授课 2 小时。1919 年,杭州师范学校毕业生夏国英在永嘉县城区创办蒙养园。

　　宁波人自办的幼儿园始于 1918 年。是年 5 月,一位美国女教士狄女士和一陈姓华人借其府前一户住宅,临时招几个小孩子,教他们唱歌、做游戏、做手工、讲故事,但不到两个月就停办了。同年,鄞县蔡氏私立丙等小学校校董蔡琴苏创办蔡氏星荫蒙养园。该园 8 月开学,首任园长为张雪门。是年下半年,在江东育德学校内还开办了育德蒙养园,创办人林黎权,园长为林钟。1919 年春,江北槐花树下崇德女校创办了崇德蒙养园,园长为美国人施明德夫人,保姆主任、助教均为中国人,入园幼儿为本地人。是年 10 月,又在盐仓门永丰路侧创办了圣模蒙养园,园长为美国人葛履绥女士,保姆主任、助教亦为中国人,入园幼儿为本地人。

　　以上是浙江省在民国初期较早设立的蒙养园。在这些蒙养园中,有少数历经近百年变迁,留存至今仍颇负盛名,如杭州私立弘道女学附属蒙养园(今杭州市行知幼儿园)、蔡氏星荫蒙养园(今宁波市第一幼儿园)等。

二、民国中期幼稚园的推设

　　1919 年后,在五四新文化运动的推动下,加之受美国教育的影响和一批爱国民主教育家的推动,出现了新的教育改革热潮,1922 年"壬戌学制"得以颁布。壬戌学制规定,在小学下设幼稚园,收受 6 岁以下儿童,并把幼稚园正式列入学校系统,改变了蒙养院及蒙养园在学制中没有独立地位的状况,确定了学前教育机构在学制系统中作为国民教育第一阶段的地位。1928年,陶行知和陈鹤琴在全国第一次教育会议上提出"注重幼稚教育案"。1932年教育部正式公布《幼稚园课程标准》。这段时期,国民政府与一些有识之士开始关注幼稚教育,从而有力地推进了幼稚教育事业的发展,形成了旧中国幼稚教育发展的高峰期。

新学制的颁布,促进了浙江学前教育的发展。1923年5月,浙江省教育厅拟订施行新学制标准及规定事项,将原设有的蒙养园一律改称幼稚园,并要求各县自1923年度起至少筹设1所幼稚园,但这些政策未能实施。1917—1926年,杭州市区新设私立幼稚园3所,鄞县、绍兴县、上虞县、永嘉县、平阳县、嘉兴县、吴兴县、义乌县、永康县、定海县、丽水县亦分别新设或附设公立、私立幼稚园共计15所。1926年,全省有幼稚园34所,在园幼稚生1000人,教职员70人。1927年后,浙江幼稚教育事业渐有发展,幼稚教育列入教育统计。1931年,全省幼稚园共有69所,在园幼稚生2600人,教职员124人。1932年,全省幼稚园增至70所,分设在杭州市及20个县的县城里,其中杭州市、鄞县、吴兴县、绍兴县分别有幼稚园7所以上。1934年,全省幼稚园共有78所,在园幼稚生达到3200人,为民国时期全省幼稚教育事业发展的最高年份。①

1922年至1937年,是民国浙江幼儿教育发展最快的时期。这一时期不仅全省幼稚园数量增加较快,而且幼稚教育师资培训和教育实验工作也得到了发展。继1916年杭州私立弘道女学设幼稚师范科后,1923年宁波湖西幼稚师范学校在鄞县创办,1931年省立杭州师范学校附设三年制的幼稚师范科,1932年奉化县立培本幼稚园内设两年制幼稚师范科。1929年杭州成立中华儿童教育社,以研究儿童教育、提倡教师专业精神为宗旨。次年,宁波市幼稚教育研究会成立。随着教师水平的提升和教研工作的开展,幼稚园教育质量也有所提高。以杭州市为例,据1937年统计,全市共有幼稚园16所,其中有11所是1922年后设立的。由于教师都受过专业训练,具有一定的教育水平和保育能力,这些幼稚园都办得比较

---

① 浙江省教育志编纂委员会编:《浙江省教育志》,浙江大学出版社2004年版,第174页。

正规,幼儿修业期满,还要发给毕业证书。①

三、抗战及战后幼稚园的变迁

1937 年抗日战争爆发后,受到战争影响,浙江省幼稚园数量大幅度减少。是年 12 月,日军逼近杭州,杭州市政府下令杭州市公、私立小学及幼稚园全部暂行解散。其后,日伪政权占领下的杭州市及杭县、长兴、嘉兴、嘉善、平湖、海盐、桐乡、海宁、崇德、德清、武康、余杭等 14 个市县的幼儿教育事业受到极大摧残。据日伪浙江省教育厅 1939 年的统计,该区域内当年仅办有幼稚园 2 所,计 3 个班,4 名教员。至 1945 年,日伪占领区的杭州市区仅有公立幼稚园 2 所,私立幼稚园 3 所,另嘉兴县有公立幼稚园 1 所。全省的幼稚教育因战事受到很大削弱。据统计,在 1939 年度,全省仅剩 16 所幼稚园,600 名幼稚生,20 名教员。至 1943 年,全省幼稚园仅存 4 所,计 10 个班,343 名幼稚生,16 名教员。②

抗战爆发不久,浙江省政府各机关内迁至浙西南山区,丽水、云和先后成为临时省会。浙西南成为抗战期间浙江政治、文化中心。该地区的幼儿教育因沦陷区学校内迁和战时抚救难童需要,也有所发展。1938 年教育部颁发《战区儿童教养团暂行办法》,浙江省教育厅着手建立战时儿童保育院。保育院的教育目的是把儿童培养成为能认识真理、有文化知识、有劳动习惯、有优良品质、有反抗精神的新生儿童,教育他们反对损公济私、恃强凌弱,为他们将来进入社会做好准备。是年,在丽水县碧湖镇建立浙江省战时第一儿童保育院,专门收容在战火中与亲人离散的难童,凡 7 岁以下的幼儿均编入幼儿班,施以学前教育。次年,在云和县河上村建立浙江省战时第二儿童保育院,院长为戚铮音,全院有教职工 27 人,收养儿童 200 人。其中有招收 3—7 岁幼儿的幼稚班,施以正规的学前教育和知识技能的培养,还进行抗日救国教育。此后,由于日寇灭绝人性,投

---

① 杭州市教育委员会编:《杭州教育志》,浙江教育出版社 1994 年版,第 221—222 页。

② 浙江省教育志编纂委员会编:《浙江省教育志》,浙江大学出版社 2004 年版,第 174 页。

下罪恶的鼠疫病菌,该院儿童惨遭毒害,11 名院童死于非命。1941 年全部房舍被烧毁,学校搬迁。① 教育厅还先后在永康县设立了芝英战区儿童教养团(收容沦陷区儿童 500 名),在桐庐县设立了横村埠战区儿童教养团。在这些院、团内部设有小学班、幼儿班或托儿所,收容战区蒙难的儿童施以基础的国民教育,经费由省政府拨给。同时,绍兴、上虞、萧山、诸暨、嵊县、金华、兰溪、义乌、武义、永康、东阳、衢县、开化、遂安、永嘉等15 个县也设立了儿童教养所或教养团,分别收容疏散至本县境内的沦陷区儿童。1942 年,各县的儿童教养团和教养所举办陆续结束,省办的教养团和教养所由省社会处继续管辖办理。

战后,幼稚教育事业逐步有所恢复。据 1947 年统计,是年全省有幼稚生4000 人,计54 个班,大体相当于抗战前夕全省幼稚教育事业的规模。其时幼稚园(班)多数附设于小学内。② 以杭州市为例,抗战胜利后,杭州市政府派员接收了市区的 5 所幼稚园,后方开办的幼稚园也陆续迁回。1948 年,杭州市的幼稚园恢复发展到 16 所,与战前的 1937 年持平。

综上所述,自民国初年蒙养园初步建立,南京国民政府时期幼稚教育略有发展,但不久又遭到战争的摧毁,直至战后有所恢复。这段时期的浙江幼儿教育经历了缓慢的发展。其中,南京国民政府时期是近代幼儿教育发展的成熟期。不可否认,幼稚教育获得了一些发展,但发展是缓慢的。以幼稚教育发展最高的 1934 年为例,全省各式小学达 12546 所,在校生 736139 人③。而全省幼稚园只有 78 所,在园幼稚生 3200 人,由此可见,与义务教育相比,幼儿教育是极其弱小的,远远没有达到普及化的程度。可以说,贵族化的幼稚园是民国时期浙江幼儿教育的一大特点。当时的幼儿教育是为少数阶级服务的,是上层阶级的教育奢侈品,它的收费是小学的 2—3 倍。1935 年,杭州市政府邀请京沪幼教人士来杭考察幼稚园,考察者也曾指出幼稚园中生活设备及幼儿生活方式太贵族化。而且,

---

① 云和县教育志编纂委员会编:《云和县教育志》,西安地图出版社 1992 年版,第 56页。

② 浙江省教育志编纂委员会编:《浙江省教育志》,浙江大学出版社 2004 年版,第175 页。

③ 邵祖德、张彬编:《浙江教育简志》,浙江人民出版社 1988 年版,第 75 页。

私立幼稚园比例较大也是民国时期浙江幼儿教育的一大特点。在当时的幼稚园中,私立的和教会办的幼稚园占了较大比重。以杭州市为例,1926年,全市有幼稚园 6 所,其中私立占 4 所。1937 年,全市有幼稚园 16 所,其中私立占 11 所。并且其中几所规模大、师资好、享有较高声誉的幼稚园几乎都是私立的教会幼稚园,如私立弘道小学幼稚园、私立蕙兰幼稚园等。这个时期私立幼儿园的良好发展与多种因素有关:一是民国以后,政府收回教育权,教会幼儿园一律注册为私立幼儿园,加强了对教会幼稚园的管理;二是国弱民贫,政府缺乏办学资金,只能发动民间力量办学;三是浙江省素有民间兴学的风尚,有志之士乐于捐资办学;四是由学前教育的性质决定,它毕竟不是义务教育,政府留给民间更多的办学与管理空间。

在近代中国,国家遭受列强侵略,财政陷于困顿,义务教育尚疲于应付,学前教育更难以顾及,政府试图以公私立并举的方式推进全省幼稚教育,也不失为一个适时的策略。政府为了鼓励民间捐资兴学,制定了促进私立学校发展的各项法规,对捐资办教育的民众给予奖励,对一些办学成绩优良的私立幼儿园进行扶持,以促其发展,对外国人办的教会幼儿园一律注册为私立幼儿园,加强管理和整顿。这些措施保障了私立幼儿园的发展,对幼儿教育事业的发展也起了一定的、适时的积极作用。但是,贵族化、私立的、教会的幼稚园终究难以普及与大面积推广,浙江幼儿教育的辉煌篇章是在新中国人民当家做主后真正开始的。

第二节　蒙养园、幼稚园的保育与教育

一、蒙养园的保育与教育

民国建立后,教育部在蔡元培领导下对学制等进行改革,颁布"壬子学制",将蒙养院改称蒙养园,招收 6 岁以下之学龄儿童。1915 年,教育部公布的《国民学校令施行细则》规定,蒙养园保育幼儿"务令其身心健全发

达,得良善之习惯,以辅助家庭教育"。① 从教育目标看,蒙养园的教育与蒙养院的教育性质基本相同,都是强调辅助家庭教育,以封建道德涵养德性,教育科目与方法基本依照日本的保育大纲,但有进步的地方是教师的资格与薪俸都有较大提高,要求有师范学历,与小学教员基本相同。

民国初期,浙江各地建立的蒙养园(教会举办除外),大多能遵循教育部的规定,实施"蒙养家教合一"的教育宗旨。如鄞县蔡氏星荫蒙养园的办园宗旨为"培植新人基础,补助家庭教育"。② 绍兴县立蒙养园、私立孙端上亭幼稚园也以辅助家庭教育为主要任务。蒙养园的保育项目也是参照日本幼儿园教育的,主要有游戏、唱歌、谈话、手艺等,与蒙养院基本相似。如鄞县蔡氏星荫蒙养园开设的科目,分礼仪、识字、认数、唱歌、手技、谈话、游戏、体操等。

二、欧美式保育与教育

清末浙江为数较多的教会幼稚园实行的多是欧美式的幼儿教育。因此,欧美式的保育与教育在浙江有较大的影响。民国以后,西方的幼儿教育思想在中国得到进一步传播,蒙台梭利、福禄贝尔等人的教育思想的宣传和相关书籍日益增多。欧美式的保育与教育逐渐扩大其影响,中国的幼教事业洋化现象加剧。五四运动以后,杜威的儿童中心主义与克伯屈的设计教学法等教育思想在中国得到广泛传播。特别是第一次世界大战期间,美国在中国的殖民势力发展迅速,以美国为首的教会教育便快速发展起来,在幼儿教育方面逐渐居于主导地位。中国的幼儿教育开始由"日本式"转向"欧美式"。欧美式的幼儿园教育以儿童为本位,强调以儿童生活为主,教师的作用是布置环境、指导工作。课程包括工作、早点、音乐、演技和游戏、文学、言语、书写、算术、社会、自然研究、旅行等。

据《杭州市教育志》记载,1916 年开办的私立弘道女学附属蒙养园是一所教会所设的学校,园长周觉昧留学美国归来,主张采取设计教学法以

---

① 中国学前教育史编写组编:《中国学前教育史资料选》,人民教育出版社 1989 年版,第 225 页。

② 宁波市教育委员会编:《宁波市教育志》,浙江教育出版社 1996 年版,第 35 页。

启发儿童之本能,陶冶儿童之品性。设计教学法的特点,就在于打破从前的学科制,代之以幼儿生活有关的问题或事件作为组织教材的中心。设计教学的教学内容拓展了原有的学校教科书,把其他社会生活上的知识和技能包括在内,并把它们融合为学习的大单元。每设计一个单元,就有预定的目的及一定的计划。项目的与计划或由儿童自拟,或由儿童与教师合拟,但总是以儿童为活动的中心,使一切活动出于他们的本能。该园由于教育理念较为先进,保教工作较为正规,在当时杭州的幼教界享有声誉。又如吴兴县湖郡女学堂附设蒙养院,开设音乐课程,教弹钢琴,还让幼儿参加各种宗教活动。

三、《幼稚园课程标准》的实施

五四运动以后,我国文化思想界各种文化激烈冲突碰撞,思想革命风起云涌。与此相适应,中国教育开始脱离封闭和半封闭的状态,摆脱传统文化的束缚,走上了现代化的道路。20 世纪 20 年代初,我国出现了学校教育改革的新高潮。尽管欧美式的幼儿园教育在当时影响较大,但也存在教会式、日本式等多种形式并存的现象,全国幼儿园课程没有统一的要求与标准,混乱的局面急需改革。1922 年颁布"壬戌学制",把幼儿教育作为初等教育的一部分,定名幼儿教育机构为幼稚园,为幼稚园课程的改革奠定了基础。

在 20 世纪二三十年代幼儿教育思潮的影响下,我国的幼稚园课程改革拉开了序幕。1923 年,陈鹤琴、张宗麟在南京鼓楼幼稚园开始了为期三年的课程试验。与此同时,北方的张雪门开始进行幼稚园课程的研究,特别是"行为课程"的研究,并编订了中国北方的幼稚园课程大纲。1927年,陈鹤琴、张宗麟协助陶行知在南京燕子矶等乡村幼稚园试验乡村幼儿园的课程。课程改革实践研究的重要成果是 1932 年颁布、1936 年修正的《幼稚园课程标准》。[①] 该《标准》包括总目标、课程范围、教学方法要点三部分。总目标为:增进幼稚儿童身心的健康、力谋幼稚儿童应有的快乐和

---

① 　中国学前教育史编写组编:《中国学前教育史资料选》,人民教育出版社 1989 年版,第 230—242 页。

幸福,培养人生基本的优良习惯,协助家庭教养幼稚儿童。课程范围包括音乐、故事和儿歌、游戏、社会和常识、工作、静息、餐点。在教育方法上,首先确定幼稚园课程的编制按设计教学法运行(即单元教学);其次,幼稚园以儿童自由活动、教师个别指导儿童各从所好为主,每日有团体作业一次;最后,规定幼稚园所用材料、题材都应来自生活。从儿童生活出发,从儿童兴趣出发,根据中国国情构建我国幼稚园课程体系是这一时期课程改革的特点,因而这一改革也就取得了成功。该《标准》的制定与实施,纠正了清末以来的幼儿保育与教育的混乱局面,开辟了通过课程改革使幼稚教育中国化、科学化的道路,奠定了当今我国幼儿园课程理论的基础。

(一) 幼稚园的教育目标

1932年教育部颁发《幼稚园课程标准》后,据各地教育志记载,浙江省内多数幼稚园执行该《标准》中关于教育总目标的规定,"增进幼稚儿童的快乐和幸福,培养人生基本的行为习惯,协助家庭教养幼稚儿童并改进家庭教育"。1936年,教育部修正《幼稚园课程标准》,把"增进幼稚儿童身心的健康"列为幼稚教育总目标的第一条。省内幼稚园将幼稚儿童身心健康列为保教的重要目标。当时绍兴县立东关幼稚园提出其保教任务是:"注意儿童的营养,行动不妨碍身心健康,启发儿童智慧","指导儿童保持清洁和秩序,爱护公物,学习礼貌,养成良好习惯。并以优良之德育故事,激发其高尚的情绪,尤注意于革命化、艺术化,平民化、爱护动物等"。有些幼稚园还提出,对于儿童,不仅要教他们学习,还要施以德、体、美、群四育。幼稚园要协助家庭教养幼儿并谋家庭教育的改进。1934年,国立浙江大学教育系举办的培育院,其办学方针是:实施以心理卫生为基础的训导原则,以儿童身心之全部发展为对象;在理论上和实践上要"身"先于"心"。抗日战争时期国民政府统治区内设立的战区儿童教养团,其附设的幼儿班,招收6岁以下的儿童,教育目标是使儿童获得充分成长的机会,注重疾病矫治、品格锻炼,以养成国民教育的基础。

(二) 幼稚园的课程设置

《幼稚园课程标准》颁布后,浙江各地幼稚园基本上按照《标准》开设课程并开展教育活动,但具体实施时常有增减修改。1932年,浙江省立高级中学附属小学幼稚园奉令实验《幼稚园课程标准》。该园根据课程标准

内容,参照杭州的具体情况,制定了 1933 年的授课纲要①:

1 月份

寒假。

2 月份

①认识我们的幼稚园(熟悉全园各场所)。

②做一个好孩子(爱清洁、有礼貌、爱公物)。

③布置环境(揩扫教室、选图片、挂钉画片)。

④白雪公主(赏雪景、唱白雪公主歌、画雪花)。

3 月份

①总理逝世(挂遗像、观看中山陵图片、讲总理故事)。

②放风筝(买风筝、装风筝、放风筝)。

③春姐姐(看草木抽芽、听小鸟唱歌、看小虫活动)。

④梅花(看梅花、插梅花、赏梅花、画梅花)。

⑤黄花岗(看黄花岗图片、讲烈士故事、参加纪念仪式)。

⑥牛痘(讲天花害处、介绍牛痘、种牛痘)。

4 月份

①桃花杨柳(观赏桃柳、唱桃柳歌、画桃柳)。

②过清明节(准备扫墓用品、讲烈士故事、扫烈士墓)。

③到南京去(看南京风景图、看火车、介绍南京)。

④竹林(观赏竹林、看竹笋、讲竹的用处)。

⑤金鱼(讲金鱼的故事、观赏金鱼、画金鱼)。

⑥小鸡(看小鸡、养小鸡、喂小鸡)。

5 月份

①蝌蚪(介绍青蛙、看蝌蚪、捞养蝌蚪)。

②国耻日(介绍日本帝国主义、看富士山图、不买日货)。

③蜜蜂哥哥(看蜂箱、介绍蜜蜂、尝蜂蜜)。

④夏衣(娃娃出汗了,给娃娃做夏衣,为娃娃换夏衣)。

---

①　杭州市教育委员会编:《杭州教育志》,浙江教育出版社 1994 年版,第 215—217 页。

⑤农夫(看秧田、浸谷子抽芽,稻子,农夫辛苦)。

⑥燕子(观赏燕子图、看小燕子、讲燕子捉虫)。

⑦灭蚊蝇(讲蚊蝇害处、杀死孑孓和蛆虫、消灭蚊蝇)。

6月份

①过端午(讲屈原、吃粽子、招待客人)。

②洗衣服(衣服脏了,洗晒衣服,折藏衣服)。

③洗澡(讲洗澡的好处、了解洗澡的常识、洗澡)。

④大扫除(环境脏了,大家带用具,一起进行大扫除)。

⑤雷雨(看雷雨画片、讲雷鸣和闪电、避雷雨)。

⑥蚕豆(买蚕豆、剥蚕豆、烧蚕豆,大家一起尝蚕豆)。

7月份、8月份

暑假。

9月份

①蜗牛(介绍蜗牛、捉蜗牛、观察蜗牛的形状和活动)。

②月亮(谈谈月亮、月亮的出没和圆缺、中秋看月亮)。

③秋果(看累累秋果、观察秋果、画秋果)。

④潮水(介绍钱江潮、钱塘江、看潮水的画片)。

⑤桂花(看桂花、闻桂花香气、买尝桂花糖)。

⑥痢疾(介绍痢疾、讲痢疾的危害、防痢疾传染)。

10月份

①蟹(看蟹图、介绍蟹的生活史、看蟹怎样走路)。

②菊花(看菊花图、参观菊花展览、画菊花)。

③登高(介绍重阳节、爬山、在山顶看风景)。

④庆祝国庆(介绍国庆、挂灯结彩、参加庆祝会)。

⑤红眼睛(可怕的红眼病、预防和治疗、保护好眼睛)。

⑥添衣服(天凉了,找秋衣料,为娃娃做秋衣)。

⑦秋虫(捉秋虫、秋虫会唱歌、看蟋蟀打斗)。

11月份

①动物过冬(禽兽换毛、虫类冬眠、鼠雀积粮)。

②总理诞辰(讲总理幼年、介绍总理故乡、参加纪念会)。

③红叶（美丽的红叶、拾红叶、画红叶、用红叶布置教室）。

④霜（霜花、霜和露、雪和冰）。

⑤乌鸦筑巢（勤喜鹊、笨乌鸦，观察乌鸦和喜鹊）。

12月份

①北风（听风声、小雀叫寒、知了借粮、学习看气候）。

②煤炭（观察煤炭、看煤炭燃烧、讲煤炭的功用）。

③野心家袁世凯（讲袁世凯和蔡锷的故事，袁世凯失败）。

④堆雪人（看雪景、扫雪、用雪堆雪人）。

⑤小猫（冬天的太阳、小猫爱晒太阳、小猫眼睛的变化）。

制定上述纲要所遵循的原则是：

1. 根据部颁小学及幼稚园课程标准；

2. 根据儿童生理与心理的发展；

3. 根据儿童的生活与自然经验的发展；

4. 根据儿童的内在需要和个人兴趣；

5. 顺应社会生活意义和社会价值；

6. 适应本地情状和社会环境；

7. 预定的和活用的课程相协调。

当时浙江幼稚园各地在实施《幼稚园课程标准》的同时，也呈现多元的本园特色。如永嘉县中央镇第一中心国民学校附设幼稚园的课程，除按《标准》安排的课程和活动外，还在园内设"小动物园"饲养鸽、兔、金鱼等，并种植花木，让幼儿观察、实践。外国教会办的幼稚园，还对幼儿讲《圣经》，教幼儿做祷告，唱祷告歌，读赞美诗等。1922 年至 1937 年间，浙江省的幼儿教育发展较快，为检测幼儿教育的质量，杭州市政府曾于 1935 年邀请南京、上海从事幼儿教育的人士来杭考察市区的幼稚园。考察者曾著文指出，杭州市的幼稚园大多能采用设计教学法进行教学，按部颁课程标准规定的项目实施；但普遍存在的缺点是：园中生活设备及幼儿生活方式太贵族化，而教育设施缺乏，部分课的内容过深，超过幼儿接受能力。[①] 从以上的授课纲要和评价可见，当时浙江省还是能贯彻全国幼稚

---

① 杭州市教育委员会编：《杭州教育志》，浙江教育出版社 1994 年版，第 219 页。

园课程标准的精神,既借鉴了西方的学前教育思想,又根据本省的实际情况和儿童的年龄特点,既发挥了洋为中用的精神,又富有民族与地方特点。其中如介绍钱江潮、钱塘江、看潮水的画片的主题和看桂花、闻桂花香气、买尝桂花糖的主题是极富杭州乡土特色的,在今天看来仍不失为好的主题教学内容。

（三）幼稚园的保育

《幼稚园课程标准》对幼稚园的卫生与保健工作有较系统规定。较正规的幼稚园一般能做到每半年进行一次体格检查,每月进行一次身高体重测量,每日进行一次健康、清洁检查。凡儿童遇有疾病,教员给予协助治疗,及时安置。园内的设备一般都适合儿童,有益于儿童的身体健康。同时注意合理安排儿童的作息制度,杭州师范学校附属小学幼稚园的一天生活安排规定:9 时至 9 时 15 分为朝会及晨间检查,每天抽查下列七项中的一两项,即小眼小鼻子、小耳小面庞、小嘴小牙齿、小手小指头、小脖颈、小手帕、服装。上午安排两次、下午安排一次课间准备,让幼儿上厕所,并强调大小便后洗手。上午 10 时 5 分至 25 分安排给幼儿喝豆浆,吃鸡蛋片、饼干、水果。上午、下午各有一次 25 分钟的户外活动,指导幼儿玩沙箱、走独木桥、滑滑梯、拍皮球等,并注意幼儿的安全。以下是 1935出版的《杭师附小概况》中介绍的当时杭州师范学校附属小学幼稚园的一天生活安排[1]:

---

① 杭州市教育委员会编:《杭州教育志》,浙江教育出版社 1994 年版,第 218—219页。

表 1　1935 年杭州师范学校附属小学幼稚园幼儿在园生活安排

时　间	项　目	说　明
8:00—9:00	开始进校	先到的幼儿可以自由组合,进行活动。
9:00—9:15	朝会及晨间检查	①小眼小鼻子;②小耳小面庞;③小嘴小牙齿;④小手小指头;⑤小脖颈;⑥小手帕;⑦服装。每天抽查一两项。
9:15—9:30	谈话	自然界的,家里的,学校里的,社会上的,眼见的,耳闻的,依儿童兴趣选讲一两种。
9:30—9:55	韵律活动	指导儿童听琴声做小动物走、跑、跳、飞等姿势。
9:55—10:05	准备	让儿童进小间(大小便、洗手等)。
10:05—10:25	点心	给儿童喝豆浆,吃鸡蛋片、饼干、水果。
10:25—10:50	户外活动	指导儿童玩沙箱,走独木桥、滑滑梯、拍皮球等。
10:50—10:55	准备	如前。
10:55—11:10	唱歌	在琴声引导下复习旧歌或教唱新歌。
11:10—11:15	谈话	如前。
11:15—13:30	午假	
13:30—14:10	午睡	包括放学回家,在家午餐、餐后小憩、从家来校等。
14:10—14:30	户外活动	如前。
14:30—14:35	准备	如前。
14:35—15:00	游戏	学小动物叫、跑、跳、飞等动作,做请客人及其他游戏。
15:00	晚会	集队、唱歌、放学。

(四) 幼稚园的教养方法

据各市地教育志记载,浙江各地幼稚园按《幼稚园课程标准》的规定,对幼稚生实施中心制设计教学法。一般根据幼稚生的生活经验,以大自然、大社会为教学内容,确定某一知识或任务为作业中心,打破科目界限,把各项作业和活动连成一片,"做一日或两三日内作业的中心,一切活动都不离乎这个中心的范围"。在作业和活动中,尊重幼稚生的个性要求,顺应其个性发展,儿童可按自己的兴趣自己选择参加形式多样的活动,其手段主要是进行游戏和户外活动。师生关系,强调教师是儿童活动中的把舵者,让儿童多活动、多动手。教师注重幼稚生良好习惯的养成,不得对幼儿施以体罚及使其感到痛苦的苛求。据当地教育志记载,1935 年杭州市上城区的幼稚园多能按照《幼稚园课程标准》规定的单元教学法(按照单元题目组织有关的各种知识)进行教学。例如,以小白兔为主题的单元教学中,教学内容以小白兔为中心,教幼儿认识小白兔的外貌、特征、生活习性等,教唱小白兔的儿歌、画小白兔的画,还让小朋友亲自饲养小白兔,使幼儿比较全面地掌握有关小白兔的知识,以及养成他们爱护小动物的性情。

(五) 幼稚园的管理①

幼稚园一般设园长(或园主任)一人综理园务,包括全园保教业务和人事、经费等的安排。规定园长要由幼稚师范科及大专有关科毕业,具有小学教师资格者担任,并应为女性。学校附设的幼稚园,亦设园长(或园主任)一人,秉承校长掌理园务,实际多由办园学校的校长兼任。私立幼稚园及教会办的幼稚园则由创办者聘请有经验的教师任园长或创办者自任园长。规模较大的幼稚园,在园长下分设教务、训育、事务等股或设员各司其事。1930 年,绍兴私立成章幼稚园设有保教和事务两部,保教部分设教务、游戏、学籍、指导四股,事务部分设装饰、卫生、校具等股,由有关教师各司其职。规模较小的幼稚园(班)不另设机构,也不设专事人员,而由园长指定教师兼管园内有关工作。幼稚园的教师由园长(或园主任)聘任,被聘教师须系幼稚师范学校的毕业生或具有小学教员资格者,并以女性为原则。园内按幼稚生年龄分设大组、小组进行保教活动,在园长主持

---

① 浙江省教育志编纂委员会编:《浙江省教育志》,浙江大学出版社 2004 年版,第195 页。

下制订每日活动安排和生活时间表,确定保健、卫生、教育、游戏、活动、饮食等制度。

第三节　蒙养园、幼稚园师资的培养

一、早期幼稚师范的设立

民国建立后,教育部公布《师范学校规程》,规定师范学校得附设幼稚师范科,招收初中毕业生,修业年限为三年或两年。三年制幼稚师范科的课程设置为公民、体育及游戏、卫生、军事看护、国文、算学、历史、地理、生物、化学、物理、劳作(农艺、家事、工艺)、美术、音乐、伦理学、教育概论、儿童心理、幼稚园教材及教学法、保育法、幼稚园行政、教育测验及统计、实习。两年制幼稚师范的课程大致与此接近。师范学校得在学校附设幼稚园以供学生实习用。实习包括参观、试习、试教,每项实习前后,须具预备、报告、讨论三种手续。① 这一章程的颁布初步确定了幼儿教师教育的地位。自此,浙江省各地渐次举办早期的幼稚师范,形式多样,有附属于师范学校、女学、幼稚园的,也有独立设置的。除浙江省女子师范学校设有三年制幼稚师范科外,当时的女子师范学校主要有旧宁属县立女子师范学校、嘉兴女子师范学校、绍兴县立女子师范学校、处属县立女子师范学校、吴兴县私立民德保婴简易师范学校等,这些学校一般也都设有三年制或两年制的幼稚师范科。② 这些幼稚师范科的教学大多能实施《师范学校规程》,师资与教学都比较规范,教学质量有保证。民国时期浙江省的幼儿教育师资主要来自于这些女子师范学校的幼稚师范科。

浙江省弘道女学是外国教会所办的贞才女学、育才女学、蕙兰女学于1911 年合并而成的。1916 年秋开始,该校添设幼稚师范和普通师范。招收新生各 1 个班,并在法院路创设蒙养园。1927 午浙江省政府通令收回

---

① 唐淑、何晓夏主编:《学前教育史》,辽宁师范大学出版社 2001 年版,第 138 页。
② 浙江省教育志编纂委员会编:《浙江省教育志》,浙江大学出版社 2004 年版,第582 页。

外国人在浙江省办教育的权利,由倪雪梅任校长。1928 年交中国教会团体接办,并改名为杭州市私立弘道女子中学,仍分设初中、高中、普师、幼师,附设完全小学与幼稚园。抗战期间辗转建德、上海办学。幼师的课程有国文、数学、物理、化学、宗教学、教育概论、教育史、儿童心理、幼稚园教材教法、保育法、园艺、自然、体育、音乐(唱歌)、琴法、见习与实习等,一年级参观、见习,二年级见习增加时数并练习,三年级实习,毕业前夕到外地去参观、访问与学习。1910—1949 年,该校幼师科毕业学生 20 届,共 108 人。① 新中国成立后,该校归并于杭州市立第一女子中学,幼师科被撤销。旧址现为杭州第十四中学。

宁波湖西幼稚师范学校的创办人是我国著名的幼儿教育家张雪门。因感于办好幼稚园必须有良好的师资,1921 年 4 月,张雪门与杨菊庭等鄞县教育界 6 位知名人士,发起募捐筹办幼儿师范,次年 2 月在城内湖西马眼漕马宅创办了两年制的幼稚师范学校,招生 12 人,自任校长。聘请北京大学教授马裕藻、马廉等任教。1924 年停办。这是浙江省国人自办的最早的独立幼稚师范学校。1922 年 2 月,为提供师范生的实习场所,湖西幼稚师范学校附设了一所幼稚园,招收幼儿 20 人。②

1920 年,奉化县立培本幼稚园创办,招收幼儿 10 人,分大、小两个班。1922 年,园址稍北移,在园幼儿 13 人,全年经费 400 元。1930 年秋,新造西式园舍落成,全园园舍分南、中、北三幢,占地面积共 1454 平方米。南幢东、西两侧为 2 个大教室,中为幼儿餐室,教室前有 2 米多宽的走廊和 900 平方米的大操场,中幢为教师寝室和办公室,北幢为厨房和教师餐厅。因各方面条件较好,被视为模范幼稚园。为培养幼儿教育师资,1932 年,园内附设幼稚师范科 1 班,招收完小毕业以上文化程度的女生 22 人,学制两年。学生毕业后部分充任幼稚园教养员。③

1944 年,因抗日战事撤退到浙南景宁县的浙江省教育厅公布了《幼

---

① 中国学前教育史编写组编:《中国学前教育史资料选》,人民教育出版社 1989 年版,第 354—355 页。

② 宁波市教育委员会编:《宁波市教育志》,浙江教育出版社 1996 年版,第 150 页。

③ 俞海青主编:《奉化教育志》,浙江人民出版社 2003 年版,第 64 页。

稚园设置办法》,计31条。①《办法》规定:幼稚园的教员以幼稚师范毕业或具有小学教员资格、曾任幼稚园工作一年以上女子为合格。当不能延聘到合格教员时,得呈请教育行政机关,以未受检定者为代用教员。《办法》还提出了检定幼稚园教员的科目有:1.公民(包括党义);2.国语(语体文之写作及书法);3.算术(整数、小数四则、分数、百分数);4.历史(本国史)、地理(本国地理);5.教育(教育概论、儿童教育法);6.保育(育儿法、保育法、卫生);7.美术(绘画、剪贴);8.劳作(烹饪、缝纫、园艺);9.游戏、音乐(唱歌、奏乐)。《办法》对幼稚园教员的资质作了明确规定,并对教育课程有了具体要求,这就使幼稚园师资水平与教学水平的提高成为可能。而事实也证明,经过正规培养的幼稚园教员素质更高,其所在的幼稚园也办得更正规。此外,《幼稚园设置办法》规定幼稚园教员的待遇比照小学教员办理,但由于当时幼稚园的收费是小学收费的两三倍,所以幼稚园教员的待遇实际上要比当时的小学教员要高一些。这也有利于浙江幼儿教育的发展。

二、民间女学的衍生

除教会女学和女子师范学校外,清末浙江民间掀起兴办女学之热潮,民间女学的衍生成为各地举办幼儿教育机构的重要力量和这些机构师资的来源之一。浙江地处沿海,蚕桑业及工商经济发达,女子就业机会较多,民间女学举办较早,规模较大,一直居于全国前列。1903年,萧侃在瑞安举办女子蒙塾,这是浙南第一所女子学堂。1904年,惠兴在杭州举办贞文女学堂,次年,因学校经费无以为继,愤而殉学,震动世人,遂掀起了国人兴办女学的热潮。1907年,浙江共有女学32所,学生995人。② 1908年,浙江各主要城镇均开设国人自办的女子学堂。民国初年,女子教育逐渐受到国人重视,允许民间禀报地方官同意举办女子学堂。如前所述,1912年,崇德县人蔡庆云女士与其女汪吟霞在其创办的"汪氏女塾"附设蒙养园,招收幼童入学。绍兴县孙德卿创办私立蒙养园亦附设于女学。

1916 年,湖州私立民德女子中学设半日蒙养园。可见,民间女学是各地举办幼儿教育机构的重要力量。1922 年,女学进一步发展,全省各类女生总数达 23289 人(不含教会学校女生),在全国各省中居第六位。① 当时所设立的幼稚园很少是独立设置的,几乎都附设于小学、女子中学、女子师范等更高级的学校。而且当时民间私立学校特别是私立女学较多,虽有部分是教会学校转设的,但国人自办民间女学的发展无疑是各地举办幼儿教育机构的重要力量和这些机构师资的来源之一。

第四节 幼稚教育实验与研究的推行

一、中华儿童教育社

20 世纪二三十年代,全国掀起了教育研究与实验的热潮,这些研究与实验以冲破旧教育观念为目标,引进与试验现代西方国家的先进教育,试图建立适合国情的科学的现代教育。江苏、浙江等地成为教育实验与研究推行的重要区域。在这样的背景下,1929 年 7 月 12 日,中华儿童教育社在浙江杭州成立,陈鹤琴担任主席。该社由南京鼓楼幼稚园、晓庄师范学校、中央大学实验小学等 22 个全国各地教育团体组成。社团宗旨是研究儿童教育,推进儿童福利,提倡教师专业精神。研究范围包括小学教育、幼儿教育和家庭教育等。1930—1937 年,在无锡、上海、南京、武昌、北京等地召开了 7 届年会,主要讨论中学课程、儿童中心教育、儿童健康教育、生产教育、中小学沟通、班级教学与个别教学等。编辑出版了非常时期中国儿童教育研究丛书、小学教师辅导丛书多种以及幼稚教育、儿童教育、小学教师等刊物。该组织在教育界影响很大,发展也很快,1937 年发展到 21 个分社,社员 4000 余人,是当时全国最大的教育团体之一。②

---

① 庄俞编:《三十五年来之中国教育史》,商务印书馆 1931 年版,第 184—185 页。
② 中国学前教育研究会编:《百年中国幼教》,教育科学出版社 2003 年版,第 213—214 页。

二、浙江大学教育系培育院的实验研究①

1922 年壬戌学制确立了幼稚园在教育制度的地位,我国的幼儿教育事业有了新的发展。大学和师范院校附设的实验幼稚园获得了较大发展。这类幼稚园一般作为大学教育系和师范院校教学科研的实习、实验基地,所从事的幼儿教育实验活动,对推进我国幼儿教育的科学化产生了重要作用。其中,国立浙江大学教育系培育院就是教育系学生学习和研究儿童心理学、儿童训导与心理卫生、儿童心理专题研究等课程的实验基地,是他们致力于幼儿教育实验的示范性幼教机构。

国立浙江大学教育系培育院成立于 1935 年秋,1937 年因抗战爆发,幼儿安全无法得到保障而停办,历时 2 年。培育院创办之始,设主任 1 人,主任教师 1 人,教师 1 人,第二学期上午班与下午班,人数增多,添教师 1 人。重要事项由教育系系务会议商决之。培育院主任初由教育系主任郑晓沧兼任,历任主任教师及教师者有费景瑚、何志行、朱润瑜、戴茚初等。该院招收 3—5 岁的幼儿,规模较小,最高容量为 20 人,每半岁一个级段,每级段各有 4 人,便于教育系学生进行儿童心理方面的观察、研究和教学实习。培育院的培育方针为:(1)以心理卫生科学知识为基础教导儿童。(2)重视幼小儿童身体的发育。(3)培育院是学龄前儿童的教育机关,必须生活自由、愉快、家庭化、游戏化,给儿童以自由活动的机会,寓指导于不觉之中。培育院的场舍及设备较为齐全。因为培育院是实验性质的幼稚园,常有大学生和来宾的观察与参观,而儿童天性好奇,看到外人来访,往往表现出停止原来活动、注意来人的举动,以及出现自觉、怕生、炫耀、做作、"人来疯"等不自然态度,影响观察结果,因而培育院内专设观察室,仿照耶鲁大学的布置,使观察室里的人可看活动室,活动室里的人无法看到观察室,从而有利于获得真实的观察效果。观察室在活动室的东面,两室间隔的墙板壁中,嵌入高约三尺的两层铁纱,室内墙壁全部漆黑,门缝用黑纸糊密,门内悬深黑帷幕两层,密不透光。活动室一面

---

① 中国学前教育史编写组编:《中国学前教育史资料选》,人民教育出版社 1989 年版,第 300—306 页。

的铁纱,漆上白磁漆,尽量使光线反射。从观察室隔纱看活动室,人物动作,了如观火;从活动室视观察室,则白沙一片,看不到纱后人物和活动。观察者可安坐在观察室内,边观察边做记录。观察室不仅在当时是进行实验研究的科学设置,沿用至今,对于观察也具有特别的意义。培育院组织的活动可分为团体活动与个人活动、领导活动与自由活动、设计活动与随机活动等。该院设计开展的活动有节会、养蚕、种毛豆、做风筝、写信、烹饪请客、旅行、做豆浆、做洋囝囝等项目内容,重视儿童直接经验的习得,但也不排斥文字教育。培育院对研究工作十分重视,大致分为以下数项:(1)观察——教育系学习儿童心理学及儿童训导课程的学生,每周在观察室中实察 1 小时,为课程的一部分。(2)训导实习——教育系学习儿童训导课程的学生,在下半学期到培育院实习,帮助教师照料儿童。(3)专题研究——教育系四年级学生必须进行专题研究,作为毕业成绩的一部分。专题研究的选题主要是儿童心理方面,可在此从事实验,收集材料,颇有成果,在《教育杂志》发表了一些文章。(4)个案研究——进行兼具幼儿教育研究与训导工作之意义的个案研究。

附:民国时期创办的较有代表性的幼儿园

私立弘道女学附属蒙养园(今杭州市行知幼儿园)

1916 年秋,杭州私立弘道女学设置幼稚师范科,因该科学生实习之需要,遂在法院路创设附属蒙养园。蒙养园由周觉昧任园长,首届招收幼儿22 名。此为杭州最早的民间幼教机构,而私立弘道女学也是新中国成立前几所较早培养幼稚园师资的专门学校之一。

1932 年,蒙养园更名为杭州私立弘道幼儿园。至是年止,幼儿园共有12 届 189 名幼儿毕业。1937 年抗日战争爆发后,幼稚园受战事影响而停办。1945 年抗战胜利后复办,并更名为私立弘道小学附属幼儿园。1952年改名为私立五爱小学附属幼儿园。1956 年由杭州市人民政府接管,转为公办,并更名为杭州市学士路小学附属幼儿园。1980 年成为独立的幼儿园,称学士路幼儿园。1986 年,为纪念人民教育家陶行知,更名为杭州市行知幼儿园。1995 年 12 月在创办分园陶子园区的基础上成立杭州市行知学前教育集团。1994 年被评为浙江省示范性幼儿园。1995 年被评为杭州市首批甲级幼儿园。曾先后获全国陶研先进、杭州市三八红旗集体、杭州市儿童少年工作先进集体等称号。

2005 年成立杭州市行知学前教育集团。目前集团拥有行知园区、陶子园区等 5 个园区。

蔡氏星荫蒙养园（今宁波市第一幼儿园）

1918 年,鄞县蔡氏私立丙等小学校校董蔡琴荪原欲斥资 400 元庆其母五十寿诞,后经其母劝说,用该款在鼎新街后面的参议库创办了蔡氏星荫蒙养园。蒙养园 8 月开学,延聘张雪门担任首任园长。办园宗旨为"培植新人基础,补助家庭教育",设礼仪法、识字、认数、唱歌、手技、谈话、游戏、体育等科目。

1922 年,蒙养园由鄞县议会接办,改名为县立星荫幼稚园。1949 年鄞县解放后由宁波军委会接管。1950 年改今名宁波市第一幼儿园。1957 年被列为宁波市重点幼儿园。1981 年被定为宁波市首批示范性幼儿园。1994 年被评为第一批浙江省示范性幼儿园。

目前幼儿园有总园与柳锦分园 2 个园区 20 余个班的办园规模,在园幼儿 600 多名。

第三章 发展——新中国成立后的发展与曲折

第一节 幼儿园的大力兴办

新中国成立后,妇女获得了与男子同等地参与政治、经济、文化等活动的权利。随着大量妇女参加生产劳动,婴幼儿的公共教育成为社会生产发展的需要,党和政府对此给予了高度重视与关怀,明确了幼儿教育具有解放妇女劳动生产力和教育幼儿的双重任务。浙江幼儿教育获得了前所未有的积极发展。

一、接管原有公立及教会幼稚园

1949 年 7 月,浙江省人民政府及省教育厅成立,开始了繁重艰巨的对旧有学校的接管工作。接管工作中采取"维持现状、训练干部、了解情况、稳步改造"和迅速复课的方针,在对旧有学校接管的同时,对其进行必要的改造。全省各级教育行政部门先后接管、接办了原有公立幼稚园及部分外国教会办的幼稚园(班)计 40 余处。据浙江省及各地县教育志记载:杭州市基督教鼓楼堂办的务本幼稚园被接收后于 1951 年 7 月改办为私立怡怡幼稚园。1950 年春,绍兴市接收外国教会办的福安育幼院、哲庆托儿所和八字桥仁慈堂后,分别改其为民办缪家桥幼稚班、民办大坊口幼稚班和私立八字桥幼稚班。1951 年,定海县接管天主教仁爱会开办的仁慈堂,改建其为幼儿园。

1950 年,全省幼稚园(班)共有 206 处,在园幼儿 6500 人,教职工 486 人。

二、幼儿教育向工农子女开放

解放前的浙江幼儿教育机构多为贵族化的幼稚园,多以营利为目的,收费高、幼儿在园时间短,是为上层阶级服务的。新中国成立后,浙江省教育厅在接收、改造旧有幼稚园的同时,在继承解放区保育院经验基础上,学习苏联幼儿教育经验,积极举办为工农服务、招收工农子女的幼儿园与幼儿班。这些幼儿园优先招收父母双方参加工作、家中无人照管的幼儿,保育费低廉甚至免收保育费,实行全日制或寄宿制,幼儿在园时间长,是解放妇女劳动力,真正为工人农民服务的幼儿教育机构。此后,幼儿教育向工农子女开放一直作为新中国幼儿教育机构的办园方向。

除接管的旧有幼儿园外,解放初新建的浙江省内幼儿教育机构主要有四类:

一是各级机关儿童保育院。1949 年 9 月,浙江省军管会文教部、军区司令部、省妇联、省民政福利部于杭州市南山路创办浙江省直属机关儿童保育院,院长为严永洁。1950 年,该院设幼儿班 4 个,实行全托,入院幼儿 88 名,有教员 4 人,保姆 27 人。其后,各地区专署(绍兴、嘉兴等)先后举办机关保育院或托儿所。

二是学校附属幼儿园或幼儿班。1949 年,金华师范学校恢复附属幼儿园设置。次年,衢州师范学校附属小学附设幼稚班,有幼儿 7 人。1951 年,杭州私立育慈小学附设幼儿班。

三是教育部门办的独立幼儿园。1951 年秋,绍兴市人民政府在城区鲁迅故居对面创办鲁迅幼儿园。始办时招收 3—4 周岁幼儿 70 余人,设小、中、大各 1 班,教职工 6 人,其中专任教养员 3 人。同年,湖州市创办独立设置的第一幼儿园。1952 年,诸暨县文教科确定城关、枫桥、牌头、紫东、保安五个区,各设教育部门办的幼儿园 1 所,共 19 个班。

四是工厂企业附设幼儿班或托儿所。1952 年,温州市区工厂附设幼儿班 4 个,招收幼儿 150 人。同年,湖州地区菱湖丝厂等女工集中的丝厂、绸厂纷纷附设托儿所。菱湖丝厂托儿所幼儿的饮食费用全部由工厂工会及行政负担。

三、有重点地开展幼儿教育

1951 年 8 月,教育部召开第一次全国初等教育和第一次全国师范教育会议,会议提出当前幼儿教育的工作方针是根据各个地区的不同情况,顾及城乡差异,有计划、有步骤地在整顿中提高,在巩固的基础上适当地发展;积极培养幼儿教育师资,在三五年内着重举办短期训练,开展在职学习。1951 年 10 月 1 日,政务院颁布《关于改革学制的决定》,把幼儿教育列为国民教育的最初阶段,明确规定:"实施幼儿教育的组织为幼儿园。幼儿园收 3 足岁至 7 足岁的幼儿,使他们的身心在入小学前获得健全的发育。幼儿园应在有条件的城市中首先设立,然后逐步推广。"

1951 年 6 月,浙江省文教厅发出通知,提出要"有重点地开展幼稚教育"。11 月起,根据政务院颁布的《关于改革学制的决定》,省内幼稚园改称幼儿园。在同月召开的全省文教卫生工作会议上,又提出要根据《决定》的精神发展幼儿教育事业。于是,幼儿教育在全省有条件的地区逐步发展起来。省级各机关专署、县(市)机关,一些较大型的公私企业以及群众团体、城市街道和教育行政部门,相继创办了一批幼儿园,或在小学附设幼儿班、民办幼儿班,或在托儿所附设幼儿班。群众团体、城市街道举办的多为独立幼儿园或幼儿班,教育行政部门举办的多为小学附设幼儿班,数量相对较多。是年,杭州市新办幼儿园 10 所,宁波市新办 5 所,湖州市与绍兴市亦各新办 1 所。1952 年,杭州市区有民办幼儿班 72 处,湖州市有民办幼儿班 7 处。温州市区及乐清县、瑞安县、泰顺县共有 37 所小学附设 44 个幼儿班。衢州市城区部分小学附设幼儿园(班)40 处,入园幼儿 1417 人。是年,全省幼儿园(班)共 777 所(处),有 1015 个班,在园幼儿 3.45 万人,教职工 1936 人,比 1950 年已有较大发展。①

1953 年,省教育厅要求幼儿教育事业在整顿巩固基础上适当发展,尚无幼儿园的县(市)必须至少试办 1 所,选点可在妇女参加劳动较多的城镇或农村生产合作社所在地,设施可因陋就简;小学附设幼儿班要有计划

---

① 浙江省教育志编纂委员会编:《浙江省教育志》,浙江大学出版社 2004 年版,第175 页。

地改为幼儿园,并扩大招生面。同时加强了幼儿园教师的培养。1953 年9 月,在杭州师范学校幼稚师范科的基础上,创建杭州幼儿师范学校,并于当年开始招生。在其后的 5 年内,该校每年向全省各地输送百余名幼儿园教师。1955 年,在政府协助办园的方针指引下,积极提倡工矿企业、机关、团体自办幼儿园。各地有条件的单位纷纷举办单位幼儿园和托儿所。是年 9 月,绍兴市成立教工托儿所,有幼儿 25 人,教师 2 人,附设在鲁迅幼儿园内。

1951 年秋至 1955 年的浙江幼儿教育既得到了全面发展,又实现了重点突破。杭州市西湖区的个案,大致可反映这一时期浙江幼儿教育的发展状况。1951—1955 年,西湖区所辖的区中心、断桥、玉泉、茅家埠和古荡小学均先后办附设幼儿班;浙江师范学院、杭州化工学校等院校办幼儿园;省军区办汪庄幼儿园,省级机关办北山幼儿园和石莲亭幼儿园,西湖区公安部门办幼儿园;松木场、岳坟等地有街道组织的民办幼儿园。在农村,龙井、鸡笼山等地率先办起农茶忙幼托机构。随着农业生产合作的发展,茅家埠、三台山等地妇女自愿组织姊妹团,把幼儿集中起来轮流看护。可见幼儿园以全面开花的多种方式在真正需要幼儿教育的城市与农村逐渐发展起来了。[①]

四、贯彻"两条腿走路"的方针

1956 年 7 月,省教育厅、省卫生厅、省妇联联合向各专署、市、县转发了内务部、教育部、卫生部《关于托儿所、幼儿园几个问题的联合通知》,强调发展幼儿教育事业应"全面规划,加强领导",贯彻"又快、又多、又好、又省"的发展方针,对幼儿教育的发展采取"两条腿走路"、公办和民办并举的方法。在城市由厂矿企业、机关、团体、群众举办,在农村提倡农业生产合作社举办。据此,各级教育部门、团体、企事业单位、城市街道、农村农

---

① 　杭州市西湖区教育委员会编:《杭州市西湖区教育志》,杭州大学出版社 1995 年版,第 68 页。

业生产合作社陆续举办一批幼儿园。① 以永嘉县为例,永嘉县妇联于1956 年下发《如何举办农村托儿所组织》一文,明确提出采取"两条腿走路"、公办和民办并举的办法普遍推广临时托儿组织或季节性托儿组织的意见,并制定了三年发展规划。同年 10 月,县第二次妇代会号召全县各级妇女组织重视幼儿教育工作,倡议大量组织农忙托儿所,重点试办常年托儿所,要求达到社社有托儿所,队队有托儿组,使全县 60% 农业社有托儿所。②

随着幼儿教育事业发展的逐渐加快,幼儿园数量快速增长,类型更加丰富。按主办单位划分,当时建立的幼儿园主要有机关幼儿园、工矿企事业幼儿园、教育部门幼儿园、城镇集体幼儿园、农村集体幼儿园、城镇家庭幼儿园等多种类型。其中,包括城镇集体、农村集体、城镇家庭等类型的民办幼儿园数量增长迅速。以宁波市为例,1956 年,老市区有幼儿园 36所,其中教育部门办 12 所、民办 20 所、其他部门办 4 所,入学幼儿 2045人,在园幼儿数比 1949 年增长 16 倍多。③

1956 年,全省幼儿园增至 1127 所,1935 个班,在园幼儿 5.99 万人,教职工 3421 人,分别比 1953 年增长 96.68%、107.40%、82.83% 和74.63%,全省首次实现每市每县均办有幼儿园。但不少幼儿园不够巩固,1957 年,全省幼儿园减至 849 所,1815 个班,在园幼儿 5.52 万人,教职工 3764 人。④

五、1958 年的大发展及其后进行的调整、整顿⑤

1958 年 9 月,中共中央、国务院《关于教育工作的指示》提出,全国应

① 浙江省教育志编纂委员会编:《浙江省教育志》,浙江大学出版社 2004 年版,第175 页。
② 永嘉县教育局教育志编纂组编:《永嘉县教育志》,海洋出版社 1997 年版,第 12页。
③ 宁波市教育委员会编:《宁波市教育志》,浙江教育出版社 1996 年版,第 27 页。
④ 浙江省教育志编纂委员会编:《浙江省教育志》,浙江大学出版社 2004 年版,第175 页。
⑤ 同上,第 176 页。

在3—5年内,使学龄前儿童大多都能入托儿所和幼儿园。浙江省作出部署,为解放农村妇女劳动力,要求社社队队都建立起托幼组织,达到80%学龄前儿童入托。这一年,全省城乡幼儿园猛增到16541所,为1957年的19.5倍;在园幼儿达到149.86万人,为1957年的27倍。① 由于发展速度脱离社会实际需要和条件,使得绝大多数幼儿园园舍拥挤不堪,有的幼儿园甚至连幼儿吃饭都没有桌子可用,只能站着吃。加上多数保教人员没有受过最起码的训练,有的是大字不识的老太太充当老师,幼儿园办园质量得不到保证,大量幼儿园难以维持与巩固。1959年上半年,对人民公社和生产大队所办幼儿园进行了必要的整顿,然而下半年在"反右倾,鼓干劲"的口号下要求继续加快发展,1960年,在园幼儿仍有106.20万人。以诸暨县为例,1956年全县集体办幼儿园(班)的幼儿数是1408名。至1961年统计,全县集体办幼儿园(班)的幼儿数高达43598名。短短几年扩大了30倍。当时的枫桥镇的钟瑛幼儿园,幼儿食宿在园,伙食由生产大队食堂供应。该园依靠群众勤俭办园,设备因陋就简,课桌用门板充代,幼儿的被褥由家长互相帮助解决。②

1961年,在对国民经济进行"调整、巩固、充实、提高"的同时,撤销了前三年中不顾条件,一哄而起创办的大批农村幼儿园(班),压缩城镇街道办的幼儿园(班),对城市及县镇条件较好的幼儿园予以充实提高。是年,全省幼儿园压缩至912所,在园幼儿7.59万人,教职工5362人。1962—1965年,进一步做好巩固提高工作,幼儿园数和在园幼儿数继续有所减少,但质量得以巩固和提高。1965年,全省幼儿园593所,在园幼儿6.85万人,教职工4576人。③

综上所述,1949—1965年,在这新中国成立后的最初10余年里,浙江幼儿教育获得了前所未有的积极发展。以1965年发展情况与旧中国的最高年份1934年相比,数量上,幼儿园数增长了近8倍,在园幼儿数增长

①　浙江省教育志编纂委员会编:《浙江省教育志》,浙江大学出版社2004年版,第176页。

②　诸暨县教育局编:《诸暨县教育志》,1988年内部发行,第42页。

③　浙江省教育志编纂委员会编:《浙江省教育志》,浙江大学出版社2004年版,第176页。

了近22倍;地域上,不仅全省每市每县均办有幼儿园,城镇与农村也举办了各种形式的幼教机构;质量上,摆脱了资产阶级贵族化的倾向,真正为工农大众服务,培养社会主义劳动者和接班人。虽然在"大跃进"时期走了盲目发展的弯路,但总的来说,发展还是显著的。该阶段获得的可喜发展可归因于:一是国家大力发展幼儿教育的政策要求;二是国民经济发展,妇女参加生产劳动,对幼儿教育的社会需求产生;三是贯彻"两条腿走路"的方针,发挥民间多方力量积极办园;四是幼儿园向工农开放,真正走向大众化、普及化。

在这一时期,浙江幼教人发扬艰苦奋斗的精神,积极开创全新的社会主义幼儿教育事业,热情与奉献精神是十分感人的。1949年浙江省直属机关儿童保育院创办时,斗争环境复杂,工作极其艰苦,晚上有冷枪,还有特务混进队伍;学生宿舍是草棚,操场是师生自己除草、平地开辟起来的;保教人员奇缺,严永洁院长带领老师们不分昼夜地工作,白天管孩子、洗衣服,晚上还要做衣服、缝号码。在酷暑中奋战3个月,9月初接收幼儿部的孩子。武林幼儿园1952年创办时,汪菊清和两位家庭妇女艰苦创业,在设备条件极其简陋的情况下,既当老师,又当护士和保育员,一支针可以分给几个生病孩子打,口对口吸痰救护病危孩子,无微不至地照顾孩子。正是这些幼教人的艰苦创业,开创了新中国成立初期浙江全新的社会主义幼儿教育事业,也为今后的幼教事业的发展奠定了坚实基础。他们的精神值得后人继承与发扬。

第二节 "文化大革命"期间的曲折发展

一、幼儿教育路线被否定

1966年8月,《中共中央关于无产阶级文化大革命的决定》公布,"文化大革命"开始。新中国成立以来的幼儿教育积极发展的成果在"文革"中几乎被摧残殆尽,重视和积极发展幼教的教育路线也被全盘否定。浙江幼儿教育不可避免地卷入到了这场风暴中,不能幸免于政治运动的强烈冲击。

在这段时期,新中国成立17年中确定的幼儿教育发展路线被批判为"反对毛主席的无产阶级革命教育路线的、妄图复辟资本主义的资产阶级反动路线",解放妇女劳动力和教育幼儿的双重任务被批判为"脱离社会阶级斗争,单纯以生产为中心",新中国成立初期学习苏联幼教理论被批判为"大肆吹捧、贩卖修正主义货色",为解放妇女劳动力而发展整日制幼儿园为主的方向被批判为"从资产阶级'母爱'出发",整顿、巩固、提高公社幼儿园被批判为"强调物质设备,鼓吹业务精神,吹捧资产阶级知识分子的作用",体、智、德、美全面发展教育方针被批判为"忽视德育",等等。在教育政治化、教育阶级斗争化的指引下,幼儿园教育工作也以阶级斗争为中心,教学内容变样,教学方法日益成人化。幼儿园日常生活、营养与卫生制度被认为是"资产阶级生活方式"而遭取消,停止适合幼儿年龄特点的体育活动,取而代之的是大型体操和大型运动会。为加强所谓的德育,在幼儿园开设政治课,让年幼无知的孩子参加成人的阶级斗争活动,原有的文明礼貌、互助友爱、"五爱"教育等均被排斥于德育内容之外。智育更是可有可无,语言课改成语录课,背读《毛主席语录》和"革命儿歌"。演唱样板戏是美育的唯一内容,节日或集会时让幼儿上台演唱《红灯记》和《沙家浜》的片段。

二、幼儿教育机构被大量撤并

"文革"开始后,幼儿教育路线被全盘否定,办幼儿园被批判为"搞福利主义",幼儿教育机构遭到很大破坏。各级幼教行政单位被撤销,许多幼儿园被撤销、停办或被改办为"五七"学校,不少园舍被占作他用,设施大量被毁或散失,教职工有的被迫改行,有的被下放劳动。浙江幼教事业遭到严重破坏。幼教管理制度被视为"管、卡、压"的手段遭到批判;教师和保育员的合理分工,被扣上"资产阶级特权"的帽子而被取消,园内各类工作由全体教职工轮流担任;原来又红又专的园长和教师因成了"走资派"和"反动学术权威"而遭专政;幼儿园的教具、图书资料等大部分散失或损坏。据各市县教育志记载:舟山地区除保留少数部队办幼儿园外,其余全被撤销或停办。温州市中心幼儿园的园舍,被一些群众组织占用作指挥部。仅存的少数幼儿园,或减收幼儿,或精简合并。绍兴市城区一些坚持办学的幼儿园一度由"工人毛泽东思想宣传队"进驻,农村幼儿园由贫下中农管理委员会接管。1968 年绍兴化肥厂"工宣队"进驻塔子桥小学,改校名为"绍化五七学校",新风幼儿园改为该校分部。绍兴茶厂"工宣队"进驻塔山中心小学,改校名为"绍兴茶厂五七学校",鲁迅幼儿园、大坊口幼儿园改为该校分部。1972 年各幼儿园才得以恢复原名,1973 年后陆续独立设园。宁波市区幼儿园纷纷停办,由 1965 年的 28 所减为 1972 年的 6 所,且多并入"五七"学校。杭州市的幼儿园数锐减,坚持办园的不到原有幼儿园的四分之一。台州、丽水地区一些县域如龙泉县的幼儿园被全部撤销。"文革"期间,整个浙江幼儿教育事业处于自流状态,1966 年至 1972 年连续 6 年无全省幼儿教育事业的统计数据,1973 年才逐步恢复统计。

三、20 世纪 70 年代的缓慢回升

十年"文革"使浙江幼儿教育事业遭到严重破坏。不过,值得欣慰的是,浙江教育底蕴深厚,民间自发的教育要求高,省教育厅也一直坚持较为稳健的发展思路,因此,浙江幼儿教育相比其他一些省份来说,遭到破坏的程度小一些。特别值得一提的是,一些幼教工作者出于对幼教事业的热爱,克服重重困难,坚持正确的办园道路。他们有的尽力维持正常的工作制度和教育秩序,悉心照顾孩子,为孩子理发、缝补衣服,带孩子看病,深深地爱着孩子;有的坚决抵制占房风,想方设法保存幼儿园的房舍及设备,保证幼儿园的教育活动;有的在上级下令"停办"、经费极端困难的条件下,宁愿自己少领工资,也坚持办园。有些地区结合"工业学大庆"和"农业学大寨"运动的开展,恢复和举办工厂和农村幼儿园,使幼儿教育凭借一线生机逐渐复苏。如嘉善县幼儿教育由于家长的迫切要求和幼教工作者的坚决抵制,一些乡镇中心小学坚持办幼儿班,另外如魏塘幼儿园、西塘红星幼儿园、向阳幼儿园、县机关幼儿园、商业幼儿园及一些街道幼儿园等仍坚持办园。江山县 1969 年城区小学"校校办幼儿班",幼儿园"园园办小学"。1971—1973 年,江山县城区的县前居委会、达道居委会和农村的县前生产大队先后创办幼儿班。临安县 1970 年后有临安丝厂、茶厂、阀门厂等多所工厂举办幼儿园。1973 年后,全省有幼儿教育开始恢

复,原来停办的幼儿园开始陆续复办,一些厂矿企业单位、农村、街道居委会也纷纷举办幼儿园。

1973 年,全省有幼儿园 671 所,在园幼儿 8.25 万人,教职工 4238 人。1975 年,全省幼儿园增加至 1003 所,在园幼儿 10.64 万人,教职工 5296 人,较 1973 年恢复更明显,甚至比 1965 年还略有增加。①

第三节　幼儿园的保育与教育

一、苏联式保育与教育的引进与推广

新中国成立后,中央人民政府教育部成立,并首次在初等教育司下设置负责学前教育改造和建设工作的幼儿教育处。1949 年底,全国第一次教育工作会议召开,在会议总结报告中,首次向全国教育工作者明确提出借助苏联教育经验作为建设新教育的方向。1951 年,中央教育部在吸取老解放区的学前教育经验和借鉴苏联教育理论的基础上,制定了《幼儿园暂行规程(草案)》和《幼儿园暂行教学纲要(草案)》,并于 1952 年 3 月颁发至全国试行。

《暂行规程(草案)》②规定幼儿园全面发展的教育目标是:培养幼儿基本的卫生习惯,注意营养,锻炼其体格,保证幼儿身体的正常发育和健康;培养幼儿正确运用感官和语言的基本能力,增进幼儿对环境的认识,以发展幼儿智力;培养幼儿爱国思想、国民公德和诚实勇敢、团结友爱、守纪律、有礼貌等优良品质和习惯;培养幼儿爱美的观念和兴趣,增进其想象力和创造力。教养活动的项目是体育、语言、认识环境、图画、美工、音乐、计算等。幼儿园以整日制为原则,幼儿每日在园时间以 8—12 小时为准。同时规定各地为适应特殊需要,可以办理寄宿制幼儿园和季节性幼

---

① 浙江省教育志编纂委员会编:《浙江省教育志》,浙江大学出版社 2004 年版,第176 页。

② 何晓夏主编:《简明中国学前教育史》,北京师范大学出版社 1990 年版,第 336—337 页。

儿园。教育原则包括使幼儿全面发展,使幼儿习惯于集体生活、必修作业和选修作业,户外活动配合进行。教学组织形式以分科教学为主。

对苏联的幼儿园保育与教育的借鉴,从理论和实践上丰富了我国当时的学前教育,建立了有目的、有计划的分科教育模式。但此种模式过分强调教师的作用,忽视幼儿的个体差异性和主动性,存在着不足的一面。对我国幼儿园课程的发展来说,客观上造成了教学模式单一的局面,有其不利的一面。至 20 世纪 50 年代中期,教育部根据前一阶段《暂行规程(草案)》实行的情况,委托北京师范大学前教研室编写了《幼儿教育工作指南》。《指南》在强调游戏和活动方面作了一些改进。应该说,《指南》是对前一阶段实施苏联式的幼儿园教育和保育的总结与反思,并在此基础上作出本土化的调整。

从 1958 年开始,我国进行了广泛的教育改革试验,以探索独立发展的道路。但在 1958 年至 1960 年间,由于“大跃进”和“反右倾”的影响,曾对《幼儿教育工作指南》进行了不当的批判,导致了幼儿园课程的混乱,课程中出现了大量的口号化、成人化、形式化的错误倾向。1960 年后虽然对这次批判进行了甄别并予以纠正,但政治化、成人化的影响却长期存在。从 1962 年到 1965 年又逐渐恢复到《暂行规程(草案)》所列的课程范围。所以,1958 年到 1965 年的 7 年间,幼儿园的课程仍然是 1952 年确定的基本框架,只是加强了幼儿园劳动教育的内容,并对课程的具体内容作了切合实际需要的调整、充实。

二、《幼儿园暂行规程(草案)》等法规、文件的实施

为贯彻教育部颁发的《幼儿园暂行规程(草案)》和《幼儿园暂行教学纲要(草案)》等法规、文件,浙江省教育厅组织力量大力加强正规和短期的幼教师资培训,明确幼儿教育的培养目标,落实新民主主义教育方针和分科教学的课程模式,使新中国的一代幼儿在幼儿园中得到健康成长。

(一) 幼儿教育的目标与任务

新中国成立初期,浙江省省内一些机关、团体纷纷举办幼儿园。各级机关儿童保育院建立的主要目的是解放妇女劳动生产力和促进幼儿健康成长。

1952 年 3 月,省文教厅向各地转发教育部制定颁发的《幼儿园暂行规程(草案)》,进一步明确幼儿园主要的教养目标与相应的教养任务为"根据新民主主义教育方针教养幼儿,使他们的身心在入小学前获得健全的发育;同时减轻母亲对幼儿的负担,以便母亲有时间参加政治生活、生产劳动、文化教育活动等"。① 杭州市妇女联合会总结 1952 年 5 月以后创办大批民办幼儿班的经验,认为举办幼儿园(班)既提高劳动妇女的生产和工作效率,同时又能使儿童身心正常发育,培养文明卫生习惯和优良品质。②

由此可见,浙江省幼儿教育的举办是具有双重任务的:一是提高教养质量,促进幼儿身心全面发展;二是解放妇女劳动生产力。为了进一步解放妇女劳动生产力,《幼儿园暂行规程(草案)》还规定幼儿园可为便于妇女工作,以不放寒暑假为原则,并根据需要可办寄宿制幼儿园和季节性幼儿园。浙江省各地举办的寄宿制幼儿园主要是政府机关、军事单位和国有大企业办的幼儿园,数量较少。"大跃进"时期,部分地区的农村幼儿园亦有实行寄宿制的,但设施不合要求,不利于幼儿成长,1961 年教育事业调整整顿后均予停办;半日制和季节性幼儿园数量亦不多。

1953 年以后,全省各地幼儿教育机构学习和推广苏联《幼儿园教育工作指南(初稿)》中关于教养任务与目标的要求,落实贯彻其本土化的精神,纷纷结合实际确定本地区或本园的任务与目标。1954 年 2 月,绍兴市人民政府文教科制订《幼儿教育工作计划》③,提出幼儿园的教养任务是:(1)对幼儿进行初步的全面发展教育,特别是培养幼儿初步具有照顾自己日常生活的能力与按时作息、爱清洁卫生等习惯;加强保育工作,使儿童在入小学前身体得到锻炼,身心获得健全发展,培养幼儿想象力、创造力,使其初步正确运用感官,发展语言和思维。(2)根据幼儿年龄特征继续加强"五爱"教育。从教育幼儿爱父母家人,扩大到爱劳动人民、爱祖国、爱

---

① 何晓夏主编:《简明中国学前教育史》,北京师范大学出版社 1990 年版,第 336—337 页。

② 浙江省教育志编纂委员会编:《浙江省教育志》,浙江大学出版社 2004 年版,第 181 页。

③ 同上。

革命领袖;培养他们养成诚实、守纪律、有礼貌、爱劳动、爱老师、爱同学等优良品质。这些教养任务的提出是切合幼儿园教养实际和幼儿年龄特征的。

1956 年,教育部正式颁布《幼儿园教育工作指南(初稿)》,省教育厅将《指南(初稿)》转发给各地学习,同时提出《浙江省教育厅 1956 年度幼儿教育工作的初步意见》[1],在《意见》中提出以下几个实际工作要点:(1)加强幼儿的体育卫生工作,这是幼儿全面发展的首要任务。(2)培养幼儿的共产主义道德品质,使他们具有热爱祖国,尊敬领袖,热爱劳动,尊敬劳动人民及互助友爱、勇敢、诚实等优良品质。(3)积极开展各项游戏活动,通过游戏,扩大和巩固、加深幼儿的知识概念,发展幼儿的思维和语言,培养幼儿对人对事物的正确态度,增强幼儿的身体健康。(4)改进语言与认识环境的教学,以扩大幼儿的眼界,培养幼儿的求知欲、注意力、观察力以及对自然和社会现象的兴趣,为进入小学打下良好基础。这些做法较好地体现了对游戏和智育在幼儿教养活动中的价值,是有利于幼儿发展的。

1958 年,省教育厅根据中共中央规定的教育工作方针,提出大力加强政治思想工作是幼儿园教育的首要任务。此后,全省城乡幼儿园普遍加强对幼儿的政治教育,在教养活动中渗透社会主义政治思想教育,注重与生产劳动紧密结合,加强共产主义道德品质教育与劳动教育。在推进过程中,保教水平特别是卫生保健水平有所提高,但也出现了不利于幼儿发展的成人化倾向和忽视幼儿智力开发等问题。1963 年省教育厅制定的《浙江省幼儿园各科教学大纲(草案)》提出:"幼儿教育既是福利事业,又是教育事业,它担负着解放妇女劳动力和对幼儿进行全面发展教育的任务。幼儿园必须在党的领导下,贯彻执行党的教育为无产阶级的政治服务,教育与生产劳动结合的方针和教养结合的原则,使幼儿教育切实为生产服务,并使儿童在德育、智育、体育几方面都得到发展,为升入小学做好准备。"[2]该《大纲(草案)》继续体现了幼儿教育与政治与生产劳动紧密结

---

[1]　浙江省教育志编纂委员会编:《浙江省教育志》,浙江大学出版社 2004 年版,第182 页。

[2]　同上。

合的教育方针。

应该说,浙江省的幼儿教育在"文革"前的一段时间内能够较好地贯彻中央的保教方针,对幼儿的成长和省域的幼儿教育维持作出了不可忽略的贡献。

(二) 幼儿园的课程设置

新中国成立初期,浙江省各地幼儿园的课程与活动大多仍沿用民国后期的编制,一般设语言、识数、游唱、常识、故事等科目。有的私立幼儿园部分采用蒙台梭利教学法和活动课程。新创办的机关、部队、厂矿、事业单位幼儿园则采用苏联的学前教育理论为指导的老解放区教养体系。1952年,省文教厅按照《幼儿园暂行规程(草案)》和《幼儿园暂行教学纲要(草案)》中关于幼儿园教养原则与活动项目及对不同年龄特点的教育要求的规定,要求各幼儿园设置教养活动的项目有:①体育(包括日常生活、卫生习惯、体操、游戏、舞蹈和律动等);②语言(包括谈话、讲述故事、歌谣、谜语);③认识环境(包括日常生活环境、社会环境、自然环境);④图画、手工(包括图画、纸工、泥工、其他材料作业等);⑤音乐(包括唱歌、表情唱歌、听音乐、乐器表演);⑥计算(包括认识数目、心算、度量)。① 按《规程(草案)》要求,幼儿园不进行识字教育,不举行测验。各科以学科逻辑和儿童年龄特点组织教学内容,注重系统性和计划性。同时,强调通过必修作业与选修作业来达到教学目的。必修作业有明确统一的目标,是儿童在老师指导下的集体学习,全班儿童在同一时间做同样的活动,内容充实而系统。选修作业为发展儿童的创造性和适应各个儿童的特点而设,由儿童按自己的意愿选择,但不是自由活动。自此,浙江省幼儿园开始实施分科教学的课程模式。具体实施以奉化县幼儿园为例②:

---

① 浙江省教育志编纂委员会编:《浙江省教育志》,浙江大学出版社2004年版,第184页。

② 俞海青主编:《奉化教育志》,浙江人民出版社2003年版,第61页。

表2　1952年奉化县幼儿园日课表

	周一		周二		周三		周四		周五		周六	
	大中班	小班	大中班	小班	大中班	小班	大中班	小班	大中班	小班	大中班	小班
上午	早操											
	语言	语言	语言	故事	语言	语言	语言	故事	语言	语言	语言	故事
	计算	计算	图画	音乐	计算	图画	图画	计算	计算	音乐	计算	故事
	泥工	游戏	游戏	游戏	游戏	游戏	纸工	游戏	游戏	游戏	纸工	游戏
	放学											
下午	午睡											
	午点											
	音乐	纸工	体育	音乐	音乐	游戏	泥工	游戏	体育	泥工	休息	
	晚学											

1956年11月,教育部颁发《关于幼儿园幼儿的作息制度和各项活动的规定》。遵照该《规定》,浙江各地全日制幼儿园根据具体情况制订作业项目与作业时间。1958年到1960年,幼儿园的作业项目和时间较前普遍增加。1958年省教育厅制订的农村幼儿园作业计划规定,不分大中小班,每周作业量增加为18节。这段时期里,幼儿园课程安排与教育活动偏重联系党和国家的中心任务和联系生产,注重培养幼儿的共产主义道德品质和行为习惯,但有时也存在作业量过大、教育内容过深、要求偏高的弊病。如在对幼儿进行国际时事政治教育,超越了幼儿的心智的接受能力;在培养幼儿劳动习惯时,超越了幼儿的体力,使幼儿过于劳累。

1960年下半年,省教育厅根据教育部和全国妇联《关于在幼儿园教学汉语拼音、汉字和算术的通知》,部署在教改试点的幼儿园中进行汉语拼音、识字和算术教学。同时根据适当缩短年限、适当提高程度、适当控制学习、适当增加劳动的要求,制定了《浙江省1960—1961学年度教改试点幼儿园作业计划(草案)》,供3—6周岁半的教改试点幼儿园执行。经过教改试点幼儿园的前期尝试,教育厅随后对《通知》和《作业计划(草案)》作出了符合实际的调整,在幼儿园是否要进行识字教学等问题上作出了符合实际的选择。1963年,省教育厅颁发《浙江省幼儿园各科教学大纲(草案)》,对幼儿园各科教学的要求和内容进一步作出规定,全省各地幼儿园均据此大纲设置课程,确定教学要求。该《大纲(草案)》的实施进一步巩固了分科教学的课程模式。其中各科设置①如下:

语言与认识环境科——教给幼儿认识、理解社会生活环境和自然知识;培养和发展幼儿的语言能力和注意、观察、记忆、想象、思维等认识能力以及优良的道德品质。

计算科——使幼儿初步掌握数的观念和最简单的计算知识,能认、读、写10以内的数,能口头计算10以内的加减法。

美工科——教幼儿学习一些最基本的画画、泥工、纸工的技能技巧,能正确使用工具和材料。

音乐科——培养幼儿对音乐的兴趣,教幼儿能用自然音唱简单的歌曲,咬字清楚,会在音乐伴奏下舞蹈和游戏,动作正确。

体操与活动性游戏——训练幼儿基本动作,逐步做到协调、灵活、姿势正确,同时培养幼儿有组织地进行体操和排列队形等活动能力,使幼儿的身体得到全面锻炼、正常发育。

(三) 幼儿园的教养方法

新中国成立之初,浙江省的幼儿园多数沿用中心制设计教学法进行教学,有的则套用小学低年级的教法,教学内容过深,方法比较单调,不能符合幼儿年龄特征以及全面发展的需求。1951年10月,以杭州市为主成立的幼儿教育研究小组,开始在部分幼儿园探索更加符合幼儿年龄特点和全面发展的教育方法。1952年,教育部先后颁布《幼儿园暂行规程(草案)》和《幼儿园暂行教学纲要(草案)》,对幼儿园教育方法作出较系统的规定。全省幼儿园先后贯彻这两个文件,对幼儿园教养方法进行了六个方面的改革②:第一,根据幼儿全面发展的要求和年龄特点,统一安排和实施全班幼儿各项作业、生活保健以及各项活动。第二,把教学内容和幼儿的生活实际结合起来,利用环境、实物并用多种多样教养方法,启发幼

① 浙江省教育志编纂委员会编:《浙江省教育志》,浙江大学出版社2004年版,第187页。

② 同上,第190页。

儿兴趣,训练幼儿的感官,发展幼儿的求知欲。第三,给幼儿提供独立完成简单任务的机会,培养幼儿主动性、独立活动能力与习惯。第四,使幼儿习惯于集体生活,正确对待周围的人和事物,抑制其不合理的欲望。第五,使幼儿的必修作业、选修作业及户外活动配合进行,以发展幼儿的创造性及特长。第六,使幼儿的家庭教育和幼儿园教育密切配合。此外,还依照小、中、大班幼儿的年龄特点和各科目的学科特点,实行不同的教育方式方法。随后,浙江省各地幼儿园不断学习和推广这种新的分科教学的方法。如1954年,湖州爱山中心小学附设幼儿园园主任去北京师范大学学前教育专修班学习,学习回来后,统一了各科的教学要求、教学方法;桐乡等县也纷纷派幼儿园长与教师到杭州等地学习新的教育方法。

为进一步完善分科教学模式,1956年11月教育部颁发的《关于幼儿园幼儿的作息制度和各项活动的规定》明确了幼儿园的教育、教学工作要通过游戏、作业及其他户外活动进行;规定每周作业小、中、大班的次数不同,户外活动形式多样,要根据幼儿的特点进行作业和活动。浙江省全面贯彻该《规定》精神,积极推动幼儿园进行教养方法的改革。次年,各地幼儿园相继建立新的作息制度,这些制度比较注重幼儿的天真活泼的年龄特点,合理安排作息时间,保证幼儿每天有2—3小时游戏活动;合理安排作业的次数与时间,动静交替、体脑结合;充分体现幼儿园直观教学原则,运用多种多样的实物教具和直观教学形式。一些市、县幼儿园通过教学实践,丰富了作业的内容与形式,并根据直观原则,创设条件开展创造性游戏等,提高了教学的效率与趣味。但也存在过于注重学科知识的传授、游戏活动方法简单枯燥、教学方法小学化等缺点。1958年后,在加强教育与政治、生产劳动紧密结合的大背景下,许多幼儿园增加了政治性活动和社会活动,有些进行教改试点的幼儿园强化拼音识字活动,减少游戏活动。一些幼儿园根据幼儿年龄小、思维具体的特点,注意结合党和国家的政治中心任务编故事、儿歌,利用废旧物品制作识字箱、拼音盘、计算器等教具、玩具。但受"左"的思想影响,教育方法不免出现简单化、小学化、成人化倾向。

1961年后,幼儿园正常的教育秩序逐步得到恢复,省教育厅颁发的

《浙江省1960—1961学年度教改试点幼儿园作业计划》①要求在教学中应特别注意儿童的年龄特点,注意采用儿童所熟悉的实物、图片等直观教具和参观游戏等具体形象的教学方法。1963年公布实施的《浙江省幼儿园各科教学大纲(草案)》②,要求各科教学必须根据幼儿的年龄特点和接受能力,细致地研究幼儿的生理心理特点,了解幼儿的实际情况。教育内容要从易到难,从近到远,从具体到抽象,由浅入深,循序渐进。教育方法要具体形象,多采用榜样带动、说服教育和实物观察等手段。语言要儿童化、口语化,易为幼儿理解,积极启发幼儿学习的兴趣。

(四) 幼儿园的保育

　　新中国成立后,在幼儿教育工作中继续发扬和贯彻老解放区"保教合一"的教养原则,幼儿园十分重视幼儿的保育和教育工作,注重培养幼儿基本的卫生习惯,注重幼儿的营养,并积极创造条件锻炼幼儿身体,保证幼儿的健康和正常发育。据各地教育志记载,1950年底创办的杭州市政府直属机关幼儿园,在20世纪50年代初期一直较注意对幼儿日常生活习惯的培养,让幼儿做到饭前洗手、饭后刷牙、早晨排便等等,并主要通过游戏、故事及实际事例进行培养。特别关注幼儿的饮食营养和身体健康,每年给儿童作一次较全面的体检,每季测量一次身高,每月称一次体重,每天进行晨间身体检查,每日午睡后量一次体温。注意锻炼幼儿体格,开展郊游活动,引导幼儿以正确的方式爬行、跳跃,以锻炼其各部分肌肉。每天早操一刻钟,坚持户外活动,组织幼儿跳舞、做游戏。园内设保健室,配有药品、器械,还有消毒房、隔离室、休养室。私营企业华丰造纸厂办的幼儿园,做到幼儿每天自带手帕,检查自身手指、脸庞的清洁。饮食营养和卫生方面,做到每天吃两次点心,不定期给幼儿注射预防针,进行体格检查。平阳县机关幼儿园除订立保健制度外,还定期调换幼儿的座位,以保护幼儿的视力,同时建立幼儿健康档案。

　　1952年,教育部颁发的《幼儿园暂行规程(草案)》重视幼儿园卫生保

---

① 浙江省教育志编纂委员会编:《浙江省教育志》,浙江大学出版社2004年版,第193页。

② 同上。

健工作的开展,把培养幼儿基本的卫生习惯、注意其营养和体格的发育作为首要教养目标。1956 年颁发的《关于托儿所、幼儿园几个问题的联合通知》和 1957 年颁发的《关于幼儿园幼儿的作息制度和各项活动的规定》,也都十分重视幼儿园的保育和卫生保健工作。浙江各城市和集镇较为正规的幼儿园大都能较好贯彻这些规程、规定的精神,做好以下保育工作:

一是把体育、游戏、舞蹈、户外活动列入幼儿教育的首要活动项目,注意幼儿的身体锻炼和游戏活动,注意日常生活中幼儿卫生习惯的培养。

二是做好幼儿园防疫保健工作,强调预防为主,控制传染病。一般幼儿园做到不招收有传染病的幼儿;多数县(市)卫生防疫机构承担幼儿园的预防注射、防治幼儿传染病任务,不定期开展防治工作或为幼儿检查身体。

三是注意幼儿的安全监护。保证幼儿园园舍安全,及时检查修理运动器具和用具、玩具,防止伤害事故的发生;注意光线充足,尽可能以较为宽敞的平房作为活动场所;一般幼儿园的桌椅高低大小做到基本适合幼儿使用。

四是科学养护幼儿,促进身心健康。合理科学安排幼儿作息时间,保证幼儿睡眠充足;严禁对幼儿进行体罚;坚持幼儿晨间入园的检查工作;限定作业次数,规定小、中、大班不同的作业时间,保证幼儿每日的户外活动时间;引导幼儿循序渐进地进行体格锻炼。

1958 年至 1960 年是农村幼儿园大发展的时期,许多幼儿园在招生扩大的情况下,仍重视卫生保健工作。如做到坚持每天一小扫,每周一大扫,定期给幼儿洗头、洗澡、修指甲。部分幼儿园做到了定期对茶杯、碗筷、毛巾进行煮沸消毒,实行流水洗脸;有些农村幼儿园自备自来水给幼儿漱洗。建立幼儿健康档案和幼儿体格检查制度。许多幼儿园与卫生防疫医疗部门配合,为幼儿注射防疫针苗,喂食预防药,做好传染病隔离工作。保证开展游戏和户外活动的时间;注意随时纠正幼儿坐、立、睡中的不正确姿势;定期给幼儿换座位方向,保护幼儿视力;组织幼儿进行日光、空气、水"三浴"锻炼等。① 但由于发展速度过快,不少新办的农村和城镇街道幼儿园,无论硬件还是软件都跟不上要求,缺乏必需的食品和生活用品,没有建立必要的生活卫生制度,不利于幼儿的健康成长。1961 年至1963 年间,对大批不合格的幼儿园进行撤并,同时督促其余幼儿园做好卫生保健工作,并要求有条件的幼儿园配备专职保健医生、保育员、厨师,专设卫生保健室、隔离室,完善各项规章制度。

（五）幼儿园的管理②

新中国成立后,教育部门所办幼儿园实行在政府教育行政部门领导下的园长（或园主任）负责制,学校附设的幼儿园（班）由办园学校的校长主管,指定幼儿园（班）教师具体负责。部门、机关、厂矿、街道办的幼儿园,实行所在地主管部门、机关、单位行政领导下的园长（或园主任）负责制,并视幼儿园规模,在园长（或园主任）下酌情分设教育、卫生保健、总务等部门,或由专兼职员工分别负责有关工作。1952 年初,杭州市政府直属机关幼儿园,除设园主任、园政治指导员外,还设有保教股、总务股、保健室。保教股下有教师、生活指导员、生活管理员;总务股下有管理员、保管员、会计、事务长、事务员等;保健室有专职护士。1951 年创建的嘉兴市幼儿园,由于规模较小,只设园主任 1 人,统一管理园务,另有教养员和女工各 1 人,分别负责教养和保育工作。一般幼儿园的园务管理制度有:政治、业务学习制度,生活检讨制度,园务会议制度,保教制度,总务工作制度等。1952 年教育部制定颁发《幼儿园暂行规程（草案）》后,各地基本上遵照该《规程（草案）》的规定实施幼儿园的园务管理。幼儿园实行园长责任制,设园长 1 人（必要时设副园长）,领导和主持全园工作;幼儿园各班实行教养员责任制,每班设教养员 2 人（得轮流兼任主任教养员）,还设生活助理员、护士、事务员、厨师、工友等,并酌设医生。定期举行园务会议、教养工作会议和家长会议,并制订教养计划、教养工作制度、卫生保健制度。幼儿园分设小班、中班和大班。小班招收 3—5 周岁的幼儿,每班

① 浙江省教育志编纂委员会编:《浙江省教育志》,浙江大学出版社 2004 年版,第193 页。

② 同上,第 195—196 页。

15—25 名幼儿；中班招收 5—6 周岁的幼儿，大班招收 6—7 周岁幼儿，每班分别为 20—35 名幼儿。

1956 年至 1957 年，全省贯彻执行教育部制定的《幼儿园幼儿的作息制度和各项活动的规定》和《幼儿园教育工作指南（初稿）》，改进和加强幼儿园内部的管理工作。部分尚缺园长的幼儿园配备了园长，充实保教队伍，健全规章制度。一些附设幼儿园（班）的学校，把幼儿园（班）的工作列入学校工作计划，幼儿园的教养员一般都制订并实施每日工作计划，有些教养员还制订每周逐日工作计划，以增强教养工作的计划性。

1958 年，全省贯彻执行中共中央、国务院《关于教育工作的指示》，规模较大的幼儿园均实行在中共党支部领导下的园长负责制，小学附设的幼儿园则实行在学校党支部统一领导下的园长负责制；一些暂无条件建立中共党支部的幼儿园，就增配党员园长，或发展已具备党员条件的园长为中共党员，加强党对幼教工作的领导。1963 年，根据《全日制小学暂行工作条例（草案）》精神，幼儿园内部改为实行园主任（园长）负责制，由园主任领导园内工作，党支部起保证监督作用。规模较大的幼儿园还在园主任下分设教学组、保育组、总务组。

三、"文化大革命"期间幼儿园教育的衰废

"文化大革命"开始后，幼儿园的教育秩序被大肆破坏，前一阶段推行的教育目标、内容和方法均受到批判，强调以阶级斗争为纲，让幼儿园紧密联系当时的政治形势，自行安排教育与活动。如把"语言与环境认识"课改为"毛泽东思想教育"课，学习《毛主席语录》，背诵"老三篇"；把"音乐"课改为"革命文艺"课，教唱毛主席语录歌、革命歌曲以及革命样板戏，跳"忠字舞"，画配合政治形势的大批判画等；把"体操"课改为"军事体育"课，学习人民解放军的操练和队形组织等。加强对幼儿的政治教育，要求幼儿"千万不要忘记阶级斗争""学习工农兵不怕苦、不怕死的革命精神"，带领幼儿批判"走资本主义道路的当权派"，甚至讲儒法斗争知识，评

论《水浒》。①　这些做法极大地阻碍了幼儿教育事业的发展,对幼儿身心发展也产生了不利影响。

"文革"后期,许多幼儿园恢复此前的教育课程与活动项目,开设语言、常识、音乐、体育、游戏等科,有些幼儿园的大班语认课增添拼音字母和看图学文,计算课教 20 以内加减法和 100 以内数数。但主要内容仍以阶级斗争为纲,突出政治教育。

"文革"期间,对幼儿园的日常保健卫生工作抓得不紧,缺少有力措施,卫生保健工作水平整体下降。幼儿园的教育方法和手段偏向政治化。作为幼儿教育基本形式的游戏活动大大减少,并在游戏中增加了政治性内容。有些幼儿园不分大、中、小班,均基本上采用小学低年级的方法与手段。杭州市、宁波市、温州市许多幼儿园,还批判资产阶级思想对幼儿的影响,请工农兵讲师团和老工人、老农民到幼儿园忆苦思甜,给幼儿讲演阶级斗争,组织幼儿参观工厂,参加小农庄实践活动,向工农兵学习,等等。在城乡幼儿园的管理上,先是由工人、贫下中农毛泽东思想宣传队进驻领导管理,后改为由工人、贫下中农代表参加的"三结合"革命委员会或革命领导小组领导管理。教养员、保育员不分职责,轮流换班,取消岗位和分工,取消正常的规章制度。

第四节　幼儿师范教育的形成

一、《师范学校暂行规程》的颁发

新中国成立后,根据《中国人民政治协商会议共同纲领》的规定及《关于改革学制的决定》的精神,1952 年 7 月制定了《师范学校暂行规程》。②该《规程》规定培养幼儿园师资的师范学校称幼儿师范学校。师范学校应

---

①　浙江省教育志编纂委员会编:《浙江省教育志》,浙江大学出版社 2004 年版,第187 页。

②　中国学前教育研究会编:《百年中国幼教》,教育科学出版社 2003 年版,第 99—100、107、109—111 页。

附设幼儿师范科、师范速成科、短期师资训练班等;学制3年,招收初中毕业生或具有同等学力者。幼儿师范学校教学计划规定课程有:语文及语言教学法、数学及计算教学法、物理、化学、达尔文理论基础、地理、历史、政治、幼儿心理、幼儿教育、幼儿卫生及生活管理、认识环境教学法、音乐及音乐教学法、体育及体育教学法、美工及美工教学法和参观实习。所有科目均为必修。为使学生实习方便,师范学校应附设幼儿园,或由教育行政部门指定附近幼儿园为实习基地。《规程》还规定在幼儿教育师资特别缺乏的地方,初级师范学校应附设幼儿师范科。招收年龄较长的高小毕业生或具有同等学力者,学制3—4年。正规幼儿师范将承担培育新教师和在职保教人员的双重任务。该《规程》的颁布对新中国成立之初幼儿师范教育的发展和幼儿师资队伍的建设起了很大的促进作用。在第一个五年计划内,幼儿师范教育得到国家的重视,正规的幼儿师范学校和非正规的幼儿师资培训都获得了较快的发展。

二、杭州幼儿师范学校的创办①

1953年,杭州市人民政府决定以杭州师范学校幼稚师范科为基础,新建幼儿师范。选调杭州师范学校副校长陈友琴负责组建浙江省杭州幼儿师范学校(以下简称杭州幼儿师范学校),任副校长。选调教员赵德煌、余礼海、丁兰纫、宋清如、杨启明、蒋称等组成教工队伍,将杭州师范学校1951、1952年度招收的两届幼稚科学生划归杭州幼儿师范学校,并与该校1953年招收的新生组成第一批学生正式建校。校址选定杭州市西北文教区(即现址),划地80亩,投资50亿元,于8月动工,12月奠基。在基建过程中,省委第一书记江华在省教育厅厅长余仲武的陪同下到校视察。1954年8月,三幢三层建筑面积5400平方米,高标准、高质量,造型典雅的新校舍落成。在新校舍未落成前,暂借离杭城60公里的临安县临天桥临安师范校舍于9月5日开学上课。在学校筹建、招生、开办与基建同步进行的草创时期,师生团结一致,共同为建校而努力,新校舍落成后,师生返校。

---

① 《浙江师范大学杭州幼儿师范学院建院五十周年纪念册》,2003年内部发行。

　　随着国家"一五"计划的顺利实施,省、市政府决定扩建教学楼、宿舍楼、食堂与附属幼儿园。工程于 1956 年动工,1957 年竣工。至此,杭州幼儿师范学校拥有了普通文化教室、专用教室、示范教室、理化实验室、图书馆、文娱厅、琴房等万余平方米的教学用房,有 250 米跑道的运动场,学生食宿生活设施齐全,该校成为能容纳 24 个班级教学的新型学校。

　　在教学上,该校按教育部 1952 年颁布的师范教育培养目标和幼师教学计划,安排德、智、体诸方面的各项教育、教学活动。学校开设了文化课、专业课、艺体课、各科教学法及幼儿生活管理等课程。在教学实践中,初步摸索和逐渐形成适合浙江省幼教实际的教学体系。教师在教学过程中,通过学习与实践,逐步使课堂教学与幼教实际结合起来,逐渐形成思想素质好、专业知识水平高的师资队伍。在思想上,学校对学生进行爱国主义、教育方针和热爱幼教事业的教育。学生要求进步,学习努力,吃苦耐劳。毕业时,学生普遍服从分配,不少杭州籍学生能自觉奔赴全省各地开拓幼儿教育事业,为浙江幼教事业的发展作出了不可磨灭的贡献。

三、《幼儿师范学校教学计划》的实施

　　1956 年 5 月,教育部在 1953 年颁布的《幼儿师范学校教学计划(修订草案)》的基础上,正式颁布《幼儿师范学校教学计划》。[①] 修订后的幼儿师范学校教学计划课程设置如下:语文、数学、物理、化学及矿物学、植物学、动物学、人体解剖生理学、达尔文主义基础、地理、中国历史、政治、幼儿心理学、幼儿教育学、幼儿卫生学、语言教学法、认识自然教学法、体育及体育教学法、音乐及音乐教学法、绘画手工及绘画手工教学法、教育实习。选修课为钢琴。同时,还发布了《关于执行〈师范学校教学计划〉和〈幼儿师范学校教学计划〉的指示》,对 1953 年的《幼儿师范学校教学计划(修订草案)》所存在的问题进行了总结。该《指示》指出原计划体现全面发展的教育方针不够,幼儿师范专业教育实施不够。由于缺乏教学大纲和教材,幼儿师范学校某些课程的设施,不得不依照师范学校的课程,而

---

　　① 中国学前教育研究会编:《百年中国幼教》,教育科学出版社 2003 年版,第 99—100、107、109—111 页。

师范学校课程又与高中课程相近,专业性不够明确,加重了学生的负担,降低了教学效果。因此,新修订的教学计划按幼儿园教学需要,增设植物学、动物学,加强了观察与实验环节的比重。取消计算教学法,通过游戏和日常生活来进行 10 以内的数字教学,而在幼儿教育学中只作适当讲述等。总之,1956 年的《幼儿师范学校教学计划》为培养本土化的幼儿教师作了有益的探索。

《幼儿师范学校教学计划》颁布后,杭州幼儿师范学校积极贯彻该《计划》,并不断探索,形成适合浙江省情的幼儿师范教学体系。在实际教学中遇到最大的困难是大部分专业课程中没有幼儿师范专用的大纲和教材,教师本身又缺乏幼教实际经验,因此,怎样使各科教学面向幼教实际是当务之急。各科专业教师纷纷深入幼教实际,积累经验,吸取教训,积极改进课堂教学,提高教学质量。如音乐教研组首先在理论上充分认识音乐教学为幼教一线服务的教学目标,并付诸实践。在具体实践中,教师学习苏联音乐教育书籍及幼师教学大纲,逐步明确教法,改进教学质量。唱歌是幼儿园音乐教育的主要内容,是教养员与幼儿在生活上打成一片的最好手段,通过教养员范唱教会幼儿唱歌,使幼儿能领会及表达歌曲的思想感情,并掌握一定的歌唱技巧。因此,在唱歌课上,教师努力培养学生的独唱能力,要求学生通过歌词、音色及面部表情来表达歌曲的思想感情。在唱歌选材上多加儿童歌曲,并注意质量。其次,幼儿园音乐活动有动作练习、舞蹈游戏,增设律动课,可以培养学生敏锐地反映音乐作品性质的能力和加强音乐节奏感等等。还有,在琴科教学上,在注重基本技巧练习的同时,加强律动曲、儿童歌曲、舞曲的练习,并培养边弹边唱边看小朋友的技能,使琴科教学进一步满足幼儿园实际需要。总之,杭州幼儿师范学校教师在教学实践中,积极贯彻《幼儿师范学校教学计划》,通过学习与实践,逐步使课堂教学与幼教实际结合起来,初步摸索和逐渐形成了适合浙江幼教实际的教学体系。①

---

① 《浙江师范大学杭州幼儿师范学院建院五十周年纪念册》,2003 年内部发行。

四、幼儿教师的短期培训与职后培训

新中国成立初期,浙江省大量幼儿园新建,特别是工厂、街道幼儿园发展很迅速。在师资缺口很大,但又没有正规幼儿师范学校毕业生的情况下,大多数工厂、街道幼儿园招收一定文化程度的女工和家庭妇女充当幼儿园教养员。因此,除举办正规幼儿师范学校培养新师资外,各级政府与相关部门还通过多种形式培训在职教师,提高其教学水平。1954 年,省教育厅按教育部指示,将实际文化程度在高小毕业以上,不及初等师范毕业程度的小学教师和幼儿园教养员,经过一定期限的训练,使他们在主要学科方面达到初等师范毕业文化水平。

1956 年 2 月,《关于托儿所、幼儿园几个问题的联合通知》①颁布后,省教育厅对在职幼儿园园长和教养员的培训提高,采取了在职学习、轮训、夜校、函授、业务讲座及相互观摩等方式进行。是年 6 月,教育部又在《关于大力培养小学教员与幼儿园教养员的指示》②中指出:一方面大力发展幼儿师范学校,另一方采取短期训练的措施,补充师资缺口。于是全省各地先后举办了多种形式的业余或脱产的幼儿园教养员短期培训班,招收城市失业知识分子和家庭妇女,经过短期的文化知识和教养知识的培训,充任各类托幼园所教养员。此外,为提高幼儿教育质量,各地县、区、乡(镇)加强开展对幼儿园师资的培训工作和辅导活动。1959 年起,各地县文教局每年举办教养员短训班,从现有教师中选拔优秀教养员加以训练提高,使整体师资素质得以提高。时间一般 10 天左右,主要学习幼儿心理学、幼儿语言和常识、幼儿体操和保健知识,进行绘画和音乐基本技能的训练。多种形式的短期培训与职后培训,时间短,收效快,解决问题又有针对性,深受广大幼儿园和幼儿教养员的欢迎。由各种形式的短班训速成的幼儿园师资,在以后很长一段时间里成为幼儿园师资的重要来源与组成部分。

---

① 中国学前教育研究会编:《百年中国幼教》,教育科学出版社 2003 年版,第 107、109—111 页。

② 同上。

五、社会主义建设时期杭州幼儿师范学校的扩招与调整①

在 1958 年开始的"大跃进"中,杭州幼儿师范学校超常规发展。1960 年后在国家暂时困难时期,学校规模急剧缩减,经历了大起大落的曲折发展过程。1958 年 7 月,杭州幼儿师范学校兼办杭州音乐专科学校。幼儿师范扩大招生,当年在校生共计 21 个班近千名学生。据当时幼儿师范学生回忆,招生量大大超过学校负荷,连食堂吃饭都没有位子,只能站着吃。1960 年 5 月经省委批复,于秋季开始,以原杭州幼儿师范学校为基础,建立杭州幼儿师范专科学校,设文史、教育、艺术三科,学制 4 年,招收初中毕业生。当年招收学生近 300 名(男女兼收)。同年 7 月,依照上级决定,音乐专科班并入杭州艺术专科学校。1961 年起贯彻"调整、巩固、充实、提高"八字方针。4 月,杭州幼儿师范专科学校调整、撤销。女生并入杭州幼儿师范学校,男生转入杭州师范学校,部分学生离校支农。1962 年、1965 年停止招生,1963 年至 1965 年间在校生仅留 150 名左右。1966 年 1 月,省教育厅决定将杭州幼儿师范学校与省教育厅教研部兼并,两单位领导兼任。校舍(除附属幼儿园)迁址文三路省教育厅教研部院内。

在学校发展大起大落之际,师生们经受了考验,并在办学方向、教材编写、办学形式等方面作了新的探索。为面向农村、面向基层,1958 年,教师与三年级学生分赴杭州市郊 10 余个公社设的 140 个教学点,历时 2 个月,帮助当地因陋就简举办幼儿班,培养教养员,受教育幼儿近万名。1960 年 5 月又组织毕业班学生赴萧山及杭州市区帮助、巩固、提高发展幼儿园,收到较好效果。为使教育与生产劳动更好地结合,1958 年校勤工俭学委员会成立,组织学生到校外嶂山轧石厂、花坞果园劳动,试办玩具厂、农场,培养学生的劳动观念,并解决部分师生的生活困难。1958 年至 1963 年间,先后编就《农村幼儿园教师手册》《美工》《幼儿园美工教学》以及各种讲义 17 种。1963 年创办幼师函授教育,开办函授班,学员近千名,直到 1966 年"文革"开始时才停止。

---

① 《浙江师范大学杭州幼儿师范学院建院五十周年纪念册》,2003 年内部发行。

六、"文化大革命"期间杭州幼儿师范学校的保留①

1966 年开始的"文化大革命"对杭州幼儿师范学校造成了强烈的冲击,该校 1965—1971 年连续 7 年未招生。"文革"期间,全国幼儿师范学校纷纷解散撤销,这一风潮也吹到了杭州幼儿师范学校。值得庆幸的是,在该校即将解体之际,时任省长的周建人认为"幼儿教育还是需要的",不同意撤销,而学校全体教职员工也不愿离校,如此学校才得以保留。在这场浩劫中,教师队伍未被拆散,图书资料、仪器设备基本保存完好,这为学校以后的恢复和发展保存了实力。

1971 年整顿教学秩序。学校借学工、学农之机,于 1971 年 11 月至 1972 年 1 月在余杭县举办农村幼儿园教师培训班,培训学生 84 名。为解决农村幼儿园教材紧缺的困难,1971—1972 年编写出版了单行本《农村幼儿园》教材,供全省使用。1972 年,周恩来总理提出要学好社会主义文化课,教育秩序开始恢复。同年,省教育厅决定杭州幼儿师范学校举办中小学音乐、美术教师培训班,并从他校抽调教师来校任教。1973 年,教育事业全面整顿,学校恢复招生设立幼教、音乐两个专业,学制 3 年。因学校肩负培养幼儿师资和中小学音乐、美术师资的双重任务,是一所综合性师范学校,又隶属省教育厅,因此学校改名为浙江师范学校。在此期间,为适应教学需要,解决教材困难,教师们先后编写了音乐、美术、幼儿教育等课程讲义及有关教学参考资料共计 23 种。1976 年 10 月"四人帮"被打倒后,学校终于摆脱了困境,进入了新的发展时期。

"十年动乱"给学校带来了重大损失,但教职工在艰难的条件下,为保存学校做了不少工作,是全国幼儿师范学校中唯一没有解散的学校,并培养了总计 778 名(毕业、结业)学生,也为以后办学积累了经验。粉碎"四人帮"后,学校在党的十一届三中全会正确路线指引下,正本清源、拨乱反正,调动了教职工的积极性。1978 年,因各地师范恢复发展,省教育厅决定学校以招收初中毕业生的幼教普通班和幼儿师资培训为主,定名为浙江幼儿师范学校。

---

① 《浙江师范大学杭州幼儿师范学院建院五十周年纪念册》,2003 年内部发行。

第五节　幼儿教育研究的初步开展

一、幼儿园的教学研究

20 世纪五六十年代是我国学习苏联幼儿教育理论和实践的高峰阶段。幼儿园数量发展很快,幼儿园的课程全盘学习苏联,由多元化转为统一的分科教学。在分科教学的确立和推广过程中,关于幼儿园的教学研究也在多层次、多渠道地开展。

一是在幼师教学中,通过学习与实践苏联幼儿园的分科教学理论,逐步使课堂教学与幼教实际结合起来,探索形成适合浙江幼教实际的幼师教学体系。

杭州幼儿师范学校教师余礼海的关于幼儿园美术教学法的研究是具有代表性的。他结合幼儿园教育教学实际,发扬传统文化,带领幼师学生制作教玩具,编写教学讲义,开展幼儿园纸工、木工、皮影戏等美术教学,初步摸索和逐渐形成适合浙江幼教实际的美术教学法。

毕业于苏联列宁格勒赫尔岑师范学院(今俄罗斯圣彼得堡国立赫尔岑师范大学)的教师矫德凤,把学得的理论与浙江幼教实践紧密结合,拓展幼儿心理学、幼儿数学教法的研究,为幼师教材建设等多方面作出了贡献。

二是在一些地区、县设立幼教教研员,有的是单独设立,有的是小学教研员兼任。帮助各区设立幼儿教研组织和辅导网络,开展和推进幼儿园教学研究。在 20 世纪 50 年代中期以后,在杭州、湖州等市开始设置幼教教研员,组织形成幼儿教育教学研究网络。但教研员独立设置较少,大部分是小学教研员兼任的。以杭州市西湖区为例[1],1958 年,该区文教科成立了区幼教改革小组,工作重点是提高农村民办和社办幼儿园(班)的教育质量。1959 年,区文教科组织了中心教研组,建立了由政治和业务水

---

[1]　杭州市西湖区教育委员会编:《杭州市西湖区教育志》,杭州大学出版社 1995 年版,第 82—83 页。

平较高、有一定工作经验的园主任为辅导员的 38 个辅导点,组成了全区幼儿教育辅导网,实行城乡挂钩,开展教育教学研究讨论和交流,以整体提高全区幼儿教育水平。1960 年初,严强任区幼儿教育教研员,兼任断桥小学附设幼儿园负责人,负责全区幼教业务和教师培训。1965 年,严强调任留下小学附设幼儿园教养员,未派人顶替,全区幼儿教育教学研究和业务辅导一度形成空白,直到 70 年代末才得以恢复。当时在杭州市幼儿教育教研网络中比较有名的幼儿园教师有擅长语言教学的胜利幼儿园园长许毓兴、擅长音乐教学的建国一小幼儿园园长陆月美、安吉路幼儿园园长葛秀文、擅长美术教学的刀茅巷幼儿园园长何彩云等。

二、幼儿园教材的编写

20 世纪五六十年代,浙江省幼儿园没有统一的教材,各幼儿园在教材的选用上,多由教养员自选自编教材授课,或由乡镇中心小学负责幼教工作的副校长及幼教辅导员编写教材供教师使用。1955 年,省教育厅组织杭州幼儿师范学校教师等人员编订《幼儿教育参考教材》,在全省各地县推广使用。1958 年前后,为适应城乡幼儿教育大发展的需要,全省各地市和部分县分别编写幼儿教材供幼儿园采用。为提高农村幼儿教育的质量,杭州幼儿师范学校编写了《农村幼儿园教师手册》,湖州市初级幼儿师范学校组织教师编写了《农村幼儿教材》两册,在全省范围内发行,供各地农村幼儿园使用。丽水师范教师叶元珪主编的《幼儿园美工教材》在丽水地区的多所幼儿园使用。一些农村幼儿园尝试自编教材,如临海涌泉公社西岑幼儿园自编了一些教材。

值得一提的是,杭州幼儿师范学校通过组织教师编写教材讲义等,大大提升了全省的幼儿教育质量,推进了全省的幼儿园教育教学研究。在1958 年至 1963 年间杭州幼儿师范学校组织教师先后编写《美工》《幼儿园美工教学》及各种讲义 10 多种,对全省幼儿园教育教学质量的提高起了很大的促进作用。1971—1972 年,该校还编写出版单行本《农村幼儿园》教材供全省使用,对 70 年代幼儿园教育质量的缓慢回升起了一定的促进作用。

附:新中国成立至"文化大革命"结束期间创办的较有代表性的幼儿园

浙江省级机关北山幼儿园

浙江省级机关北山幼儿园创建于 1952 年,隶属省级机关事务管理局,初址位于杭州北山路里西湖畔,现总园迁至省府路。

该园以"为孩子的未来生活作准备"为办园宗旨,以培养孩子"健全的人格、聪慧的心智"为教育目标,以"顺应天性、充分体验,积累有益早期经验"为课程特点,以"创设富有挑战性的户动对话式环境"为环境目标,经过 50 多年的发展,已经成为浙江幼儿教育的一个优质品牌,是一所享有较高声誉的省级示范性幼儿园,2001 年成为浙江省唯一一所全国"新《纲要》实验园",2005 年被评为浙江省园本教研先进单位。教师队伍曾多次被评为杭州市优秀教研组,并获得省级青年文明号称号。

目前,幼儿园有总园和嘉绿苑分园等共 3 个园区 30 余个班的办园规模,在园幼儿 800 余名,有专业教师 70 余名。

浙江师范大学杭州幼儿师范学院附属幼儿园

浙江师范大学杭州幼儿师范学校附属幼儿园创办于 1956 年,由原杭州幼儿师范学校举办,是学校的教育科研和实践的基地。原名杭州幼儿师范学校附属幼儿园,2001 年杭州幼儿师范学校与浙江师范大学合并后改今名。

"文化大革命"期间,该园被当成培养修正主义苗子温床的样板,正常的教育秩序遭到破坏,但教师们始终坚守岗位,从未停过一天课。1981年,幼儿园被浙江省教委确定为当时唯一的一所省示范性幼儿园。此后先后获得浙江省先进集体、杭州市优秀教研组、杭州市卫生先进单位、杭州市治安先进单位、杭州市卫生保健工作先进集体等称号。

目前幼儿园有第一附属幼儿园、第二附属幼儿园、国际部和彩虹城分园等 6 个园区,有专业教师 200 余名。

武林幼儿园

武林幼儿园由杭州的汪菊清和两位家庭妇女于 1952 年创办,是一所较有代表性的街道民办幼儿园,也是浙江省内历史最长的民办幼儿园之一。创办之初,园址设于创办者私宅内,仅招收幼儿7名。

幼儿园首任园长为汪菊清,她对幼儿关爱备至,曾因口对口吸痰救幼儿于危难一事而广受赞誉。幼儿园继承和发扬了这一传统,坚持全年收托幼儿,每天24小时有人在园值守。1979年以来,幼儿园多次被评为浙江省、杭州市"三八"红旗单位。1986年被评为省先进托幼园所和杭州市两个文明建设先进集体。1987年被全国儿童少年工作协调委员会评为全国保教工作先进集体。此期间,幼儿园规模发展至最高峰,曾拥有19个班900余名在园幼儿。1993年被批准为杭州市首批甲级幼儿园,是当时唯一一家民办甲级幼儿园。2002年被评为省优秀民办幼儿园。

目前幼儿园有教职工40余名,在园幼儿近400名。

杭钢幼儿园

杭钢幼儿园创建于1958年12月,原名半山钢铁厂幼儿园。创建之初以杭州半山钢铁厂生活区家属宿舍20幢为临时园址,设4个班。幼儿入托年龄在3周岁以上,系全托,每周接送一次,吃、住、洗澡、理发、医疗全都由幼儿园负责。

1961年,钢铁厂生活区龙王弄1号幼儿园园舍落成,幼儿园迁入新址,设4个全托班和1个日托班。1971年,幼儿园进行了扩建,从4个班增为7个班。1978年,园舍再次扩建,从原来的7个班发展到11个班。从这一年开始,全托改为日托,并用客车接送幼儿。1981年,为方便电炉区幼儿入托,电炉区幼儿园建成。是年10月,新园开始收托幼儿,设4个班。1992年9月,新建的生活区南区幼儿园正式开园招收幼儿。该园区设大班3个、中班2个、小班3个、早教班2个。1996年,企业改革,幼儿园开始自主经营,独立核算,自负盈亏。

幼儿园多次被评为市、区、厂级爱国卫生先进集体。1987年获浙江省先进托幼园所称号。1994年被评为杭州市第一批甲级幼儿园。2002年被评为省示范性幼儿园。

钱清镇中心幼儿园

钱清镇中心幼儿园是一所公办的乡镇中心幼儿园,创办于 1953 年,初名钱清幼儿班,园址在绍兴钱清镇道观沿。开办之初只有 1 个日托班。

1960 年,与钱清区校幼儿班合并,改称为钱清幼儿园,并开设了大、中、小各 2 个班,园址仍在道观沿。随着教育体制的改革,教育实行分级办学,分级管理,到 1985 年,幼儿园被命名为绍兴县钱清镇中心幼儿园,由钱清镇政府直接管理。1996 年被评为绍兴市首批示范幼儿园。此后先后被评为绍兴市文明学校、绍兴市示范家长学校、绍兴县特级幼儿园、绍兴县"三八"红旗集体等。2006 年被评为省示范性幼儿园。

目前幼儿园有两个园区 20 余个班级,在园幼儿 1000 余名,有专任教师 50 余名。

嘉善县魏塘实验幼儿园

嘉善县魏塘实验幼儿园创办于"大跃进"时期。1959 年 3 月 8 日,王美英和原魏塘公社副社长陈国英以及妇联主任杨佩怡联手创办了魏塘公社幼儿园。王美英任园主任,首届招收 1 个托班 15 名幼儿,全园工作人员 5 名,园舍由原县供销总社移交而来。

1960 年秋,南跨幼儿园并入园内,工作人员增至 12 人,招收 5 个班,其中 1 个是走读生班,幼儿人数增至 200 余名。同期,幼儿园性质由民办转为民办公助,并改名为魏塘幼儿园。1967 年改为红心幼儿园。1968 年由魏塘针织厂接管。1969 年,商业幼儿园并入园内。1980 年改名为魏塘镇第二幼儿园。1982 年被列为嘉善县示范幼儿园。2004 年搬迁至新园并改名为魏塘镇实验幼儿园。2005 年被确立为嘉兴市特级 A 类幼儿园。2006 年又被评为为省示范性幼儿园。

该园多年被评为嘉善县级先进集体或者县级"三八"红旗单位,并先后被授予陶行知实验学校、嘉善县教科研基地、浙江省三算实验基地、全国尝试教学实验基地等称号。

第四章 兴盛——改革开放后的迅速发展

第一节 幼儿教育的发展与普及

一、"两条腿走路"、多方积极办园方针的贯彻和实施

1978 年后,幼儿教育事业得到迅速恢复和加快发展。1979 年 7 月,教育部、卫生部、劳动总局、全国总工会和全国妇联联合召开了全国托幼工作会议。① 经会议建议,国务院设立托幼工作领导小组,主持全国幼教恢复发展工作。会议规定了不同部门举办的幼儿园的经费解决办法。会议指出要积极恢复和发展卫生部门、教育部门的示范性托儿所、幼儿园,有条件的地方可举办实验性园所,并鼓励各单位、街道、农村积极兴办各种形式的托幼机构。1979 年 11 月,教育部颁布《城市幼儿园工作条例(试行草案)》。该《条例》对幼儿教育的方针、目标、内容和制度所作的详尽规定,有助于幼儿园工作人员把握方向,分辨是非,较为迅速地恢复幼儿园的正常工作秩序。1983 年 9 月,教育部颁发《关于发展农村幼儿教育的几点意见》,提出包括"坚持'两条腿走路'的方针"发展农村幼教事业的发展意见,有力地推动了农村幼儿教育的发展。1986 年 6 月,教育部颁布《关于进一步办好幼儿学前班的意见》,肯定了湖南省桃江县关于农村普及小学教育、扫盲、幼儿教育"三教"一起抓的举办学前班的经验,并提出了提高学前班质量的意见。

---

① 中国学前教育研究会编:《百年中国幼教》,教育科学出版社 2003 年版,第 25 页。

　　1979年10月，浙江省教育厅、省卫生厅、省劳动厅、省教育工会、省妇联共同主持召开全省托幼工作会议，[①]会议传达贯彻全国托幼工作会议精神，部署恢复和发展全省托幼事业。提出要加强党对托幼工作的领导，发挥各部门的作用，坚持"两条腿走路"的方针，恢复、发展、整顿、提高各类托幼组织。同时交流了各地托幼工作的经验，讨论了培训保教人员、办好示范性幼儿园和加强幼教科研工作等问题。会后，省政府成立了浙江省托幼工作领导小组，各地区(市)及多数县亦相继建立托幼工作领导小组，调配工作人员，加强措施发展托幼事业。1980年2月，省教育厅向各地转发教育部颁布的《城市幼儿园工作条例(试行草案)》，贯彻落实"两条腿走路"的发展方针，推动全省发展幼教事业，发挥社会力量，多渠道筹集办园经费，以多种形式举办幼儿园，形成了教育部门办示范性幼儿园，其他部门、党政机关、企事业单位独立或联合举办幼儿园，城镇街道、乡村大力发展民办幼儿园的幼教事业新格局。以学前教育经费投入看，1981年至1985年，省有关部门及各地县多方筹措幼教经费，增加投入。5年中，省政府增加财政拨款300万元，各市(地)、县(市、区)政府增加财政拨款900万元，社会集资1900余万元，做到国家、集体、社会、个人多渠道投资发展幼儿教育事业。在多方积极努力下，浙江省幼儿教育事业重新走上了健康发展的轨道。至1980年，全省幼儿园增至7067所，比1975年增加6倍多；在园幼儿43.39万人，比1975年增加3倍多。[②] 1983年，省教育厅积极贯彻《关于发展农村幼儿教育的几点意见》，坚持以"两条腿走路"的方针推动农村幼教事业的进一步发展。为了提高广大农村幼儿园的保教质量，要求各地要分期分批地举办公社(乡)的中心幼儿园，使之成为农村幼儿园的骨干和教学研究基地，起到以点带面的作用。

　　值得一提的是，各级政府在增加教育经费投入的同时，积极倡导公民个人举办幼儿园和幼儿班。民间力量兴办幼儿园发展最快的是浙南地区，该地区幼儿教育发展底子较薄弱，而民营经济起步较早，因此民办幼

---

①　浙江省教育志编纂委员会编：《浙江省教育志》，浙江大学出版社2004年版，第176页。

②　同上。

儿园发展较快,形成了富有特色的温州幼教模式。据各地教育志记载,温州市城区 1983 年底仅有公民个人办幼儿园 6 所(班),在园幼儿 156 人,到 1984 年 4 月已增至 47 所 51 个班,在园幼儿 1200 人。乐清县 1984 年有公民个人办幼儿园 50 所 71 个班,在园幼儿 2133 人,占全县在园幼儿总数的 40.6%。公民个人所办幼儿园(班)多由待业青年,特别是高中毕业的女青年或小学退休教师自筹资金、自己解决场所而创办的,是在新形势下实行"两条腿走路"方针发展幼儿教育事业的重要途径。"两条腿走路"方针大大促进了全省幼儿教育事业的发展。1985 年,全省幼儿园(不包括公民个人办幼儿园)已增至 12468 所,在园幼儿 65.41 万人(含小学附设学前班幼儿),分别比 1980 年增长 56.7% 和 66.3%。①

　　1986—1989 年,幼儿教育的发展重点放在城市及经济发展较快、教育基础较好的农村地区。全省进一步深化落实"两条腿走路"方针,依靠社会各方面力量发展幼儿教育事业。许多厂矿、企事业单位、城镇街道、乡村及公民个人等多种社会力量积极举办多种属性与形式的幼儿园。不少港澳同胞和海外侨胞也热心捐资,在家乡举办幼儿园。据各地教育志记载,1984—1990 年,港澳同胞、台湾同胞、海外侨胞在宁波市捐建幼儿园13 所。香港同胞闻儒根 1985 年捐款 20 万元人民币,拆除其在宁波的闻氏祖居建幼儿园 1 所,1987 年又捐资 33 万元人民币给杭州市西湖幼儿园建新园舍,成立了在幼教界较有名望的闻裕顺幼儿园。1989 年,全省幼儿园共 12153 所(其中教育部门办 314 所,其他部门办 1092 所,集体办10747 所),在园幼儿 74.85 万人(其中小学附设学前班幼儿 22.21 万人),教职工 3.9 万人。与 1950 年相比,园数增加 58 倍,在园幼儿数增加 114倍,教职工数增加 79 倍。另外,私立幼儿园亦有发展,全省计 647 所,在园幼儿 2.64 万人,教职工 1456 人。是年,浙江省 4—6 周岁幼儿的入园率为40.99%,学前一年幼儿的入园率为 56.43%,嵊泗县、海宁市、余杭县被国

---

① 浙江省教育志编纂委员会编:《浙江省教育志》,浙江大学出版社 2004 年版,第176 页。

家教委评为全国幼儿教育先进县(市、区)。①

二、示范园、实验园与学前幼儿班的设立

1979 年 11 月,省托幼工作会议提出,每个县(区)至少办好 1—2 所示范性幼儿园。到 1983 年,全省共有省、市(地)、县示范性幼儿园 55 所。1982 年 3 月,省教育厅召开了全省示范性幼儿园会议,研究了如何办好示范性幼儿园、加强园主任的配备和提高保教质量等问题;还规定"各级教育行政部门要认真办好示范性幼儿园",要求把示范性幼儿园办成培训幼儿教师和开展幼儿教育科研的基地。自此,示范性幼儿园大体上每个县(市、区)举办 1 所,1985 年全省共 75 所。20 世纪 80 年代以来,部分县(市、区)举办实验幼儿园,结合开展对幼儿教育工作的实验研究。

为进一步提高示范性幼儿园的办园质量,发挥好示范性幼儿园的龙头示范作用,1992 年,省教育厅拟订《浙江省示范幼儿园标准(征求意见稿)》。《标准(征求意见稿)》分别对园舍设备、工作人员、园务管理、卫生保健、教育工作等五个方面作出了明确的要求和规定。1994 年,根据《关于对示范性幼儿园进行达标检查和重新认定的通知》,省教委组织检查组对各市地推荐接受达标检查的幼儿园,按《浙江省示范幼儿园标准(征求意见稿)》所述标准进行全面考评,经综合评价,确认浙江省机关事务管理局北山幼儿园等 26 所幼儿园为省示范性幼儿园,并给予挂牌。1996 年,又确认浙江省军区汪庄幼儿园等 18 所幼儿园为省示范性幼儿园,后又经逐年发展,至 2005 年有 188 所幼儿园相继被确认为省示范性幼儿园。

为使示范性幼儿园的办园质量随时代发展而发展,2005 年省教育厅又修订了《浙江省示范幼儿园标准》。从省示范幼儿园标准的变迁和省示范性幼儿园数量的增加,可看出浙江省幼儿教育优质化的可喜成果。该《标准》分别对园舍设备、工作人员、园务管理、卫生保健、教育工作、示范辐射等 6 个方面作出了明确的要求和规定。这些规定也反映了浙江省优质幼儿教育的总体水平。与 1992 年颁布的《标准(征求意见稿)》相比,该

---

① 浙江省教育志编纂委员会编:《浙江省教育志》,浙江大学出版社 2004 年版,第177 页。

《标准》有了很大的进步,不仅内容更加丰富,条款也更加具体,体现了浙江幼儿教育质量的提高。如:在园舍、设备方面,新《标准》增加了园舍建筑安全、美观的要求,提出要有 30 米跑道和一定的绿化面积(生均不少于 1 平方米);还增加了新增图书年递增量生均 1 册以上的要求,以体现知识的更新和社会要求的变化。在工作人员方面,新增了明确的师生比,专职教师与幼儿比例为全日制 1:15,寄宿制 1:10;园长:6 个班以上设 2 名,10 个班以上的寄宿制设 3 名;医务人员:全日制配 1 人,寄宿制配 2 名,幼儿超过 200 名酌情增加。在师资队伍建设方面,新《标准》为适应社会对师资新的要求和新的教师聘任制度,对原有标准作了较大的提升与调整。园长和教师的任职要求与相应的待遇都有所提高,园长学历由幼儿师范学校毕业提升到具有与本专业相关的大专以上程度,要有 5 年以上学前教育经验,取得浙江省教育厅核发的《幼儿园园长岗位培训合格证书》,且思想素质好,作风正派,有较强的业务能力和管理能力。教师队伍年龄结构合理,能适应教育教学工作的需要;专职教师具有《教师资格条例》规定的幼儿园教师资格;65% 以上的专职教师达到师范院校学前教育大专毕业以上学历。所有教职工的工资、福利做到按月足额发放;非公办教师福利待遇逐年提高,按《劳动法》规定签订合同,办理养老保险和医疗保险;师资队伍相对稳定,专职教师的 3 年流动率不超过 30%,等等。在卫生保健方面,结合肥胖儿增加的新趋势,提出了建立体弱儿管理制度,重视体弱、肥胖儿的矫治和管理。教育工作中要求全体教师积极参与教改实验研究,近年在县(市、区)级以上报刊发表、会议交流的教研文章篇数、教育科研成果(论文)获奖次数之和与教师总数之比大于 1。同时规定要重视家长工作和社区早教工作。此外,新《标准》还增加了示范辐射一栏,要求示范性幼儿园充分发挥示范辐射和辅导作用,并成为本区域幼儿园教师的培训培养基地。

　　根据基础教育、职业教育、成人教育"三教"统筹的精神,浙江省积极发展学前一年幼儿教育。自 1980 年起,先在农村小学附设学前幼儿班,招收满 6 周岁不足 7 周岁的幼儿接受学前一年教育。20 世纪 80 年代是浙江农村学前班迅速发展的时期。1985 年,全省计有 5509 个小学附设学前班,在班幼儿 17.09 万人;1987 年增至 6151 个班,在班幼儿 19.89 万人;1988 年,增至 6939 班,在班幼儿 23.07 万人。学前幼儿班的幼儿分别各占该年全省在园幼儿总数的 26.1%、24.5% 和 28.7%。1989 年,小学附设学前幼儿班的幼儿占在园幼儿总数的 29.67%,学前班由 1978 年的 2940 班增加到 6409 班,增长 1.18 倍。① 与此同时,城镇小学也举办了一批学前班。

三、"温州幼教模式"的创建②

温州经济模式孕育了独特的"温州幼教模式",这个模式以它灵活的筹资方式,利用温州雄厚的民间资本,迅速开创了温州幼教的全新局面。首先是幼儿园数量快速增长。1978 年,全市仅有 57 所幼儿园,入园幼儿7234 名,入园率为 1.8%;到 1998 年,全市已有幼儿园 2437 所,入园幼儿18.5 万名,入园率上升为 56.5%。其次,在改革开放中还形成了大社会办幼教,以公办幼儿园为龙头,社会力量办幼儿园为主体,多渠道、多形式、多体制办园的新格局,被许多幼教专家称为"温州幼教模式"。此模式并非温州一地独有,它是浙江省以多种形式举办民间幼儿园的一个小小缩影。其丰富的实践有力地证明了"两条腿走路"方针的正确性。

1. 温州幼教模式的形成与发展

温州幼教模式的形成与发展是顺应社会经济发展的结果,它的形成与发展与温州经济模式的形成与发展密切相关。其发展进程大体分为四个阶段。

第一阶段,1979—1983 年是温州幼教模式的萌芽阶段。1979 年,在党的十一届三中全会精神鼓舞下,温州迈开了经济改革的步伐。家庭联产承包、家庭工业的发展成为温州综合改革的启动点。家庭作坊式的民营工业在温州迅速发展起来。在经济快速发展的同时,幼儿入托难成为当时社会发展的重要障碍。然而,政府缺乏兴办幼儿园的财力和物力。于是,温州人民借鉴兴办家庭工业的经验,自筹资金,以夫妻结合、母女携

---

① 　浙江省教育志编纂委员会编:《浙江省教育志》,浙江大学出版社 2004 年版,第177 页。

② 　丁碧英:《论温州幼教模式》,载《幼儿教育》1999 年第 11、12 期。

手等方式试办起"家庭幼儿班"。1980年温州乐清苔东乡知青高淑霜创办了第一个家庭幼儿班。尽管家庭幼儿班创办初期一般都房舍简陋、规模偏小、缺少办学经验,但它具有强大的生命力。家庭幼儿班具有鲜明的特点:(1)以班养班,自力更生,自谋发展;(2)服务态度好,工作责任心强,受欢迎;(3)布点分散,就近入托;(4)规模小,运营灵活;(5)创造知识青年就业机会。因此,家庭幼儿班像春笋般迅速发展起来。据不完全统计,1980年,温州市城区家庭幼儿班还只有11个,到1983年就增加到81个。至此,温州幼儿教育迈出群众办园的第一步。

第二阶段是1984年至1992年前后,这个阶段是温州幼教模式初步形成的时期。20世纪80年代中期,温州的家庭工业出现以资金、人才、技术为纽带,走向联合的趋势。国有企业在新形势下也纷纷改变劳动用工和工资分配制度。于是,温州的经济发展形成国有企业、股份合作企业、个体私营企业并存的经济格局。在市场竞争的推动下,温州办园体制的改革也迅速展开。有的家庭幼儿班增加投资,扩大规模,发展成私立幼儿园;也有的借鉴股份制的做法,合作创办幼儿园。如1983年底,乐清市退休教师金爱莲带领15位知青集资征地创办了春华幼儿园。在此以后,温州逐渐形成了国家、集体、个人一起办园的热潮。

第三阶段是1992年至1996年,温州幼教模式得到进一步发展。1992年邓小平同志南方谈话发表以后,温州的经济发展进入新阶段。温州形成了小区域、大发展的经济发展态势,经济快速增长,综合实力大大增强,经营方式走向集团化。民间资金雄厚为教育事业的快速发展奠定了良好的基础,幼教事业的发展也渐入佳境。一是改革办园体制,充分发挥公办幼儿园的示范"龙头"作用。在国家经费投入严重不足,市场竞争日趋激烈的背景下,公办幼儿园遇到了新的挑战。温州幼教界尝试改革公办幼儿园的办园体制,如"国有民办"的办园体制。1996年,温州幼儿师范学校接受侨胞捐款,在住宅新区建造附属幼儿园。这所幼儿园的园舍、资产属国家所有,办园经费与教师工资奖金自筹,自负盈亏。新开办的温州第十一幼儿园则是以企业、个人资金入股与教育行政部门教育技术入股结合的形式联合创办起来的。依据合同约定,该幼儿园到一定时间完全归国家所有。这种新型的办园体制,能让国家少花钱甚至不花钱而多办园,增强了公办幼儿园的实力。对原有的公办幼儿园，教育行政部门拓宽筹资渠道，采取国家拨一点、幼儿园自筹一点的办法，改善办园条件。1992—1996 年间，有 60 所公办幼儿园先后新建、拆建或扩建，基建投资总额达亿元。二是完善股份合作制，处理好利益分配与风险共担的关系，形成良好的投资环境。在温州，幼儿教育已被作为"特殊产业"引起社会广泛关注。除民间闲散资金投向幼儿教育外，大中型企业投资幼儿教育的积极性也大大提高，因而出现个人、民办幼儿园迅猛增加的发展趋势。1998 年，全市 2437 所幼儿园中，各类民办幼儿园已达 2377 所，占幼儿园总数的 97.5%。

　　第四阶段为 1996 年至今，温州幼教模式日趋成熟。温州幼教模式在框架基本形成以后，开始发挥整体效益。幼教事业发展的根本目的是让广大幼儿获得良好的教育。温州幼教界在这一共识的指导下，逐渐形成各类幼儿园之间友好合作携手共进的良好关系。1997 年，为了扶助贫困山区文成县创办映山红幼儿园，温州市 100 多所幼儿园的园长与教师捐款 106 万元，社会总投资达 300 多万元。为了尽快提高社会力量办园的保教质量，公办与民办幼儿园之间的指导合作交流活动日益增多。如鹿城区教委发文组织开展幼儿园就近编组活动，形成分片结对指导网络。结对园园长还签订合作协议书，明确活动时间、内容与形式，以求共同提高。2002 年，温州市为进一步提高教育质量，对各类民办幼儿园进行整顿提高，尝试制订民办幼儿园办园准入标准，强化管理，采取有效措施，取缔不符合标准的保教质量过低的幼儿园；同时加强督导，配备较为完善的年检制度，保证办园质量的持续提高。

　　2. 温州幼教模式的特色与动因

　　温州幼教模式具有鲜明的地方经济特色：一是投资主体多元化。温州幼教除少数公办幼儿园外，大多数民办幼儿园几乎无须政府投资，都是创办者广泛利用民间资金，依靠企业、部门、街道乡镇（村）集体与个人投资等多渠道筹措办园资金。投资主体多元化，特别是建立教育股份合作制的投资机制之后，充分开发了社会的教育投资潜力，为办园提供了较丰富的资金来源。二是体制结构多样化。温州多渠道多形式办园，形成了民办幼儿园为办园主体，个体幼儿园占有很大比重的多种办园形式并存的发展格局。

　　为什么温州幼教能如此快速发展形成新格局？探究可知，温州幼教模式成型的动因主要有：一是社会需要驱动。从温州幼教的发展状况看，政府的教育投入和幼儿教育需求之间存在着相当尖锐的矛盾。温州原有幼儿教育基础薄弱。随着改革开放的不断深入，富裕起来的温州人民对子女接受良好早期教育的愿望十分迫切。正是这种社会需求刺激了社会力量在短期内通过各种渠道筹集资金，建造起一批高质量高水准的民办幼儿园。二是利益驱动。幼儿教育具有社会公益性。许多有识之士出于对公益事业的关心去创办幼儿园，为社会服务。但毋庸讳言的是，在社会主义市场经济条件下，形成社会办幼儿园的大好局面，也有一定的利益驱动因素，如，为了扩大就业渠道、为企业获取广告效应、追求一定的利益回报等等。办园者的办园动机可能各异，但只要它完成幼儿园教育的任务，实现办园的社会价值，追求一定的利益回报皆应视为合理。三是政策驱动。社会力量办园是幼教事业发展的客观需要，它不仅要有创办者的参与，更需要有政府的鼓励与支持。温州市政府及教育部门根据不同时期幼教事业发展的需要，按国家有关社会力量办学的法规对民间办园持积极鼓励、大力扶持、加强管理的态度，制定了一系列政策，以推动幼教事业的发展。主要有：制定优惠政策，鼓励、支持社会力量办园；以法治教、规范管理，促进幼儿园健康发展。相继出台了《温州市幼儿园定级评估标准》《幼儿园学额管理若干意见》《温州市公民办幼儿园收费标准》《温州市幼儿园安全管理工作若干意见》等地方性规章，对社会力量办园起了很大的推动作用。

四、农村乡镇中心幼儿园的建设①

　　早在 1983 年，省教育厅为贯彻《关于发展农村幼儿教育的几点意见》，提出坚持"两条腿走路"的方针推动农村幼教事业的进一步发展。为了提高广大农村幼儿园的保教质量，要求各地分期分批地举办公社（乡）

---

　　①　王健敏：《加强乡镇中心幼儿园建设，促进农村幼教事业发展的对策研究》，载《幼儿教育（教育科学版）》2006 年第 5 期。

的中心幼儿园,使之成为农村幼儿园的骨干和教学研究基地,起到以点带面的作用。但由于一些客观条件没有成熟,20世纪80年代的农村幼儿教育以发展学前班为主。1994年,在城市已普及学前三年教育,幼儿教育格局基本优化的情况下,省教委重点加强对农村幼儿教育事业的领导,提出重点办好农村乡镇中心幼儿园,以点带面,整体推进的工作思路。此时,推进农村乡镇中心幼儿园的建设已具备基本的条件:一是农村经济的不断发展,农民对子女教育日益重视;二是农村学前班的普遍设立为农村乡镇中心园的建立准备了经验,打下了基础。此后,浙江省农村乡镇中心幼儿园的发展迈上了新的台阶。1996年1月,省教委颁发《乡镇中心幼儿园标准》,全省开展以此为依据的"达标"工作。2001年,宁波、绍兴等市地又启动了"乡镇中心示范幼儿园"检查评估工作,将"达标"和"示范园评估"情况列入乡镇政府工作实绩考核,并列为市"教育强镇"的必达指标。这些措施都有力地推动了农村乡镇中心幼儿园的建设与发展。浙江省2005年3—5周岁学前儿童入园率达到86.45%,与"九五"期间平均入园率66.8%相比,整整提高了近20个百分点。值得一提的是,在城市入园率基本稳定的情况下,"十五"期间入园率的提高主要在农村。2005年,全省在园幼儿1126372人,其中农村幼儿园8765所,在园幼儿756216人。全省已有1114个乡镇举办了乡镇中心幼儿园,在园幼儿224662人。

1. 乡镇中心幼儿园建园率

"十五"期间,在各级党委、政府以及教育行政部门的重视下,浙江省乡镇中心幼儿园发展十分迅速,平均建园率达到77%以上,独立建制的幼儿园为954所,建园率为66.2%。乡镇中心幼儿园在农村幼儿教育中占有十分重要的地位,以乡镇中心幼儿园建设较好的杭州、宁波、嘉兴、湖州、绍兴、舟山6个市来看,乡镇中心幼儿园建园率已在95%左右,虽然乡镇中心幼儿园仅占农村幼儿园总数的18.8%,但由于规模相对较大,因此,在园幼儿数要占到44%。

表3 "十五"期间浙江省农村及乡镇中心幼儿园建设情况

地区名称	农村幼儿园建设情况		乡镇中心幼儿园建设情况			
	农村幼儿园总数(个)	农村幼儿在园总数(人)	乡镇数(个)	已建中心园的乡镇数(个)	建园率	在园幼儿总数(人)
杭州	1117	130522	175	166	94.9%	50889
宁波	775	76178	133	129	97.0%	33819
温州	1094	131389	275	159	57.8%	36586
嘉兴	238	56026	68	68	100%	23270
湖州	170	26458	61	61	100%	19703
绍兴	643	54293	112	112	100%	23489
金华	1234	72229	138	96	69.6%	14166
衢州	1261	47190	126	92	73.0%	—
舟山	81	15245	33	32	97.0%	6682
台州	1234	109684	132	125	94.7%	16058
丽水	918	37002	188	73	38.8%	—
全省	8765	756216	1441	1113	77.2%	224662

2. 乡镇幼儿园办园水平

经过多方努力,乡镇中心幼儿园的办园水平已有所提高。示范园代表了农村幼儿教育的最高水平,近年来,省、市级示范性幼儿园逐年增加。至2005年,命名为乡镇中心幼儿园的园所数为1143所,被评为省、市级示范性幼儿园的有361所,占31.6%。根据省教育厅2004年统计数据表明,全省有省示范幼儿园188所。到2005年底,全省乡镇中心幼儿园有26所成为省示范幼儿园,占13.8%。由此可见,乡镇中心幼儿园的办园水平虽有所增加,但在总体上还处于一个较低的层次上。乡镇中心幼儿园的规范化建设是当前农村幼教事业发展的主要矛盾。

表4　2005年浙江省乡镇中心幼儿园办园水平情况

地区名称	乡镇中心幼儿园总数(个)	已定等级乡镇中心幼儿园数(个)			未定级乡镇中心幼儿园	
		省示范园数	市示范园数	其他级别园数	园数(个)	比率
杭州	166	5	135	26	0	0
宁波	129	5	39	74	11	8.5%
温州	159	5	11	72	71	44.7%
嘉兴	71	2	6	63	0	0
湖州	78	1	3	68	6	7.7%
绍兴	112	4	83	0	25	22.3%
金华	96	2	15	79	0	0
衢州	92	0	6	—	—	—
舟山	42	0	20	19	3	7.1%
台州	125	2	12	75	36	28.8%
丽水	73	0	5	47	21	28.8%
全省	1143	26	335	523	173	15.1%

3. 乡镇中心幼儿园办园体制

20世纪90年代以来,随着幼儿教育的社会化,乡镇中心幼儿园的办园体制出现了多元化的格局。以2005年为例,在全省1143所乡镇中心幼儿园中,属于公办性质的仅有145所,占12.7%,而纯民办的就有342所(缺衢州的数据),约占30%,如果加上民办公助的,这个比例就更大了。应该看到,办园体制的多元化对推进农村幼儿教育事业的发展起了积极的作用。但是,由于乡镇中心幼儿园在农村幼儿教育中所处的特殊地位,即要承担示范辐射作用,而民办乡镇幼儿园往往难以发挥这种作用,这就给提高农村幼儿教育整体质量带来困难。在具体的发展过程中,我们可以看到,在一些乡镇中心幼儿园发展较好的区域,如湖州的安吉县、杭州的西湖区、绍兴的诸暨市、嘉兴的平湖市等,当地政府对农村幼儿教育十分重视,加大投入、加强管理是他们共同的发展经验。

幼儿教育作为基础教育的重要组成部分,具有显著的公益性特征。政府加大对农村幼儿教育的财政投入,促进农村乡镇中心幼儿园的公立化进程,可以改变农村幼儿教育长期体制外生存的尴尬局面,把农村幼儿教育真正纳入到国家的基础教育体系中,为进一步实施免费的学前义务教育打下扎实基础;也可以体现政府对农村精神层面建设的扶助和政策倾斜,促进社会的和谐发展。而且,浙江省雄厚的地方经济实力和连年增长的财政收入也使政府增加投入成为可能。为此,浙江省于2008年12月召开学前教育工作会议,颁发了《浙江省人民政府关于进一步加快学前教育发展全面提升学前教育质量的意见》,加大对农村幼儿教育的财政投入与监管力度,保证乡镇中心幼儿园的基础建设和师资建设,敦促农村乡镇中心幼儿园的公立化进程。

五、城市化进程中幼儿教育的发展

城市化是我国正在经历着的社会发展趋势。在教育领域,城市化总体表现为农村教育的生存环境和发展环境逐步融入现代城市体系,与此相适应,农村教育的制度及其功能将发生结构性转变,内隐于其中的教育价值观及外在的教育生活形态等,都将产生转型发展。在这个转型发展的过程中,原有的农村教育将会与城市教育交融,形成一种更为复杂的形态。对于这个形态,原有的农村教育显然已不符合发展需求,但假如单纯以一种城市教育的模式要求它,至少在一段时期内将会带来种种不适应,无论受教育者还是教育者也许都将为此付出代价。相对于其他教育领域,幼儿教育是整个教育领域中投入少、发展滞后的部分,又深受地域文化、民众生活的影响,有相对独特的发展规律。在现有的基础上,农村幼儿教育转型发展向何处去,采取何种模式为好,对现阶段的浙江省乃至全国农村幼儿教育无疑是一个具有重大现实意义的研究课题。因此,本书将尝试解析浙江省城市化进程中农村幼儿教育转型发展的模式与经验,试图为农村幼儿教育的转型发展寻找正确的发展方向与现实可行的道路。

1.城市化进程与浙江省幼儿教育发展

浙江省是中国市场经济(特别是民营经济)开发的前沿,也是中国推进城市化的先进地区。自从 1998 年省第十次党代会作出"不失时机地加快推进我省城市化进程"的战略决策以来,在全省各界的努力下,浙江省城市化水平(即城市人口占总人口的比重)已从 1998 年的 36% 提高到 2005 年的 56%,比世界 47% 的平均水平高 9 个百分点,比全国 43% 的平均水平高 13 个百分点。从城市规模结构看,"十五"期间,浙江省 100 万以上人口的大城市由原来的 2 个增加到 6 个,20 万—50 万人口的中等城市由原来的 6 个增加到 12 个,5 万—20 万人口的小城市(镇)由原来的 35 个增加到 51 个。随着城市发展空间的拓展,城市人口迅速增长。据测算,浙江城市化水平每提高 1 个百分点,就有 45 万农民转为市民。城市在浙江经济和社会发展中正发挥越来越重要的作用。城市化战略已显现出巨大的综合效应,它不仅发展了经济,还提升了社会文明程度,推动了社会的全面进步。

在剧烈的城市化变革过程中,我们也看到,可以在几年间建设一个新城区,让农民住上洋房,过上市民的生活,但要真正调适他们的观念、习俗等内隐的文化因子,使他们和他们的子女真正适应城市生活,还需要一代或几代人的漫长历程。在这个历程中,大量的细致的社会干预工作必不可少。其中高质量的能引领社区文化生活的幼儿教育是非常重要的组成部分。幼儿期是人生的起点,幼儿教育对人的影响根深蒂固,终其一生。亲子关系是一切社会关系的基础,民主科学的亲子关系的建立是现代化社会建构的基础。而现代化的科学的早期教育能深入社区家庭,有效地帮助社区家庭建立现代化社会所需的人际关系,从而在根本上以教育手段促进社会的现代化进程。美国 20 世纪 60 年代的开端计划就是通过干预不利背景家庭的早期教育,来改良贫民区的人员素质与社会状况,计划持续了 30 多年,获得了巨大的社会效益。因此,具有良好质量的幼儿教育是构建新型社会关系的桩基工程,它对转变农村的社区文化,对提高农村人口与农村家庭的基本素质,促进其融入现代城市生活有极其重要的意义。

浙江历来为文化大省,民间素有重文重教之传统。伴随城市化富裕起来的浙江人民,不仅在经济上具备了接受更好更高教育的承受能力,而且深切地体会到受教育程度是影响收入的直接因素。因此,浙江的教育与城市化进程相得益彰,既在城市化的契机中产生巨大的变化和发展,又以自身的转型发展促进城市化进程的深入。特别是农村教育,正以其日新月异的变化,使更多的农村人口真正融入到城市社会和城市生活中。浙江省的农村幼儿教育在浙江省积极推进城市化的背景下,获得了前所未有的发展契机。浙江省政府和教育行政部门对新形势下的农村幼儿教育发展十分重视,明确提出了一整套管理措施,将工作重心转移到了农村,通过强有力的政策引导与扶持,利用雄厚的民间资金和社会力量办学,使农村幼儿教育发展上了一个新台阶,入园率迅速提高,一些教育基础较好的农村发达地区已普及三年学前教育,在理论与实践上为浙江省农村幼儿教育转型发展奠定了基础。浙江省2005年3—5周岁学前儿童入园率达到86.45%,与"九五"期间平均入园率66.8%相比,整整提高了近20个百分点。值得一提的是,在老城区入园率基本稳定的情况下,"十五"期间入园率的提高主要在新建的城区和农村,并且主要依靠民办幼儿园的发展。

浙江省农村幼儿教育在城市化进程中获得了大发展的同时,也存在着转型发展的问题。农村幼儿教育历来是浙江乃至全国幼儿教育发展中的薄弱环节,三年学前教育普及率不高,乡镇中心幼儿园建园率不均衡,在转型发展中更是存在许多问题,如随着大量民办幼儿园的兴建,由于市场经济的运作和经济利益的驱使,现行的农村幼教转型发展中,存在着无序状态突出、低水平竞争激烈、师资缺口很大、师资待遇普遍较低等现象,随之而带来的是教育质量下降等一系列问题,对社会转型与发展是极其不利的。并且伴随着"少子化"社会的到来,农村的幼儿教育与家庭教育普遍存在着溺爱过度,缺乏科学教养知识等问题,与现代城市社会文明的要求格格不入,与建构现代社会所必须具备的国民素质相去甚远。因此,本书主张对农村幼儿教育转型发展的研究应该从办学规模和入园率之中解脱出来,把重点放在对幼儿教育的质量及其带动提升社区文化重构和发展的功能的研究上。

2. 城市化进程中农村幼儿教育的转型发展模式

浙江省内各区域由于地理、历史、经济、文化等原因,存在着各不相同的城市化的发展路径与方式。浙北的杭嘉湖地区地处长三角传统经济发达区,经济与教育基础好,原有的小城镇建设为城市化进程奠定了良好的发展基础,因此该区域的城市化发展多以渐进式为主要发展模式。浙南的温台地区因改革先行,虽原有经济与教育基础相对较薄弱,但改革开放后发展十分迅速,因此该区域的城市化发展多以构建式为主要发展模式。基于对各区域的城市化进程与农村幼儿教育转型发展现状的考察,这里选取在经济、文化和教育上有一定代表性的浙北的杭嘉湖地区和浙南的温台地区作为主要研究对象。尤其以温州市龙港镇作为构建式发展模式的重要研究对象,以嘉兴市南湖区城南街道作为渐进式发展模式的重要研究对象。

（1）温州市龙港镇的构建式发展模式。温州苍南县龙港镇地处温州南部,地理位置优越。龙港建镇于1984年,经过20多年的改革、建设和发展,龙港成功地走出了一条不依赖国家投资,主要靠农民自身力量建设现代化城镇的新路子,为中国农村城市化作出了许多有益的探索,被誉为“中国第一座农民城”。由过去人口不到7000人、工农业总产值不到500万元的5个小渔村,发展成为辖区面积80.7平方公里、人口28万的大镇。城区面积15平方公里,人口15万人,而其中外来人口达8万余人。全镇下辖9个办事处和130个村居。2005年全年实现生产总值59亿元。龙港的幼儿教育自建镇后经历了一个从无到有的发展过程。1984年建镇时,没有一所幼儿园,幼儿教育归属镇妇联管理。1992年幼儿教育归属当时的镇教委管理。此时幼儿园已有初步发展,全镇共有各类幼儿园38所。伴随城市化的初始发展,城区人口(特别是流动人口)急剧膨胀,群众对幼儿教育的需求强烈,幼儿教育获得了迅速发展,1998年全镇有大小幼儿园158所(不包括当时的几个自然行政村),其中1所为镇政府投资举办,1所为村办,8所为学校附属,其余均为个体民办幼儿园。在园幼儿7209人,学前三年教育毛入园率为201.9%。在这一时期,镇政府与镇教委的主要工作是鼓励社会力量办园,形成大社会办大教育的新格局,开创了一条“民间办园,教委统一管理”的幼儿教育发展之路。这种管理模式大胆进行放权改革的尝试,发挥了各方的优势,调动了各方的力量,积极适应了龙港市场经济条件下的教育发展的需要,充分调动了民间办园的积极性,使幼儿教育在不需政府大量投入资金的前提下得到了自主、空前、迅速的发展。

随着城市化的逐步深入,由于经济不断发展,财富增加,文明程度提高,群众对幼儿教育的要求也从"能入园"上升为"入好园",体现为对优质教育的渴求。然而,在民办幼儿园为主体的幼教发展过程中,也不可避免地存在一些问题,如幼儿园主办者素质差,不懂幼儿教育规律,以营利为目的思想太严重,幼儿园间低质恶性竞争等。1998 年底,龙港镇教委在镇政府的支持下,以提高教育质量为目标,对幼儿园进行清理整顿。通过整合幼儿教育资源,合理调整网点,停办不合格的低质量幼儿园等措施,积极提高各类幼教机构的保教质量。经过整顿后,2001 年幼儿园数由158 所减少到 121 所,在园幼儿数 9633 人。此后,镇教委本着实事求是的态度,注重调查研究,针对镇情园况及幼教发展的趋势,将全镇 121 所幼儿园归口十大片区统一管理,进一步使全镇的幼教管理工作走上科学化的道路,并努力营造团结合作,以竞争求质量,以质量求生存,以合作求发展的幼教发展氛围,不断完善管理,提高师资质量,提升办园规模和层次。至 2006 年 9 月,全镇幼儿园 64 所,其中 1 所为村办,4 所为学校附属(均承包给个人)。其中省示范性幼儿园 2 所,市示范园 2 所。在园幼儿11096 人,学前一年入园率为 100%。龙港镇成为名副其实的浙江省教育强镇。

(2)嘉兴市南湖区城南街道的渐进式发展模式。城南街道是嘉兴市城市化进程的产物。2001 年 10 月,嘉兴市秀城区撤销原有的东栅乡和南湖乡,设立东栅街道和城南街道。调整后,嘉兴市秀城区辖 5 镇,设 7 街道。2005 年 5 月,嘉兴市秀城区更名为南湖区。城南街道位于市区南郊,水陆交通发达,地理位置优越。街道总面积 45 平方公里,辖区内有 8 个行政村,1 个社区,常住总人口 2 万,暂住人口约 5.4 万。2003 年全街道实现工农业总产值 22.28 亿元。城南街道作为典型的城市化地区,幼儿教育的发展经历了一个逐渐发展的过程。原有的南湖乡中心小学自 1984年起一直办有 2 个班规模的学前班。南湖乡乡镇企业比较发达,办有企业幼儿园。2001 年,企业幼儿园与学前班合并,建成南湖乡中心幼儿园,班级 7 个,下设 4 个教学点。撤乡设立城南街道后,南湖乡中心幼儿园于2002 年改名为城南中心幼儿园,由街道投资 400 多万元建造新园舍,建有

9个班的规模,下属有1个中心村幼儿园(2004年出资29万元易地新建,有3个班规模),1个教学点(2000年易地新建,有4个班规模)。新的中心幼儿园建成后,在园幼儿数有较大增加,幼儿园的自主权加大,并通过对村幼的统一管理,提高了办学效益,更好地发挥了中心幼儿园的辐射作用。2006年,全街道幼儿的学前三年毛入园率达到99.58%,为南湖区当年农村学前三年入园率达到90%作了重要贡献。

在城南街道幼儿教育的发展过程中,我们可以看到几个明显的变化:一是村教学点明显减少,小区幼儿园迅速增加。由于农民的土地被征用,居住方式改变,由原有的分散的农居变为集中的城市民居,街道区域内道路状况大大改观,村村通公交车,城南街道内原有6个教学点,后减为1个中心村幼儿园与1个教学点,规模扩大。与此同时,新建小区幼儿园迅速增加,基本上每个小区都有配套有幼儿园。二是教育质量提高。通过规模办园与一体化管理,包括人员、经费、工资、教学、教师培训、教玩具六统一,中心幼儿园与村幼的教育质量有较大提高。新建小区幼儿园归口教育部门管理,教育质量也有保证。三是生源变化。幼儿数大大增加,来源广泛,外来务工人员子弟占了较大比重,城郊结合部是外来务工人员集中居住的区域,嘉兴市已出台政策要求学校接收外来务工人员子弟,因此,城南街道学前一年的入园率已超过100%。四是师资素质的提高。由于城区的拓展与中心幼儿园品质的提升,师资学历与素质提升,科研、教学能力得以提高。目前所面临的主要问题有:在城市化的过程中,新建的小区幼儿园迅速增加,这些新建的小区幼儿园硬件条件好,有相当强的竞争力,中心幼儿园如何在新形势下更好地生存,是否需要转型,如何发挥好辅导和示范作用是一个非常现实的问题。此外,由于外来务工人员子弟占了较大比重,生源流动性大也是值得关注的问题。

3. 城市化进程中幼儿教育发展的经验与启示

(1) 如何保证资金投入和有效管理、发展幼儿教育事业。温州龙港镇的幼儿教育是依靠民间资金发展起来的,走的完全是自主建设的道路。嘉兴城南街道幼儿教育的发展是随着城市化进程的推进,由政府投资与民间资金合力共建促成的。不管是何种方式,它们都在较短的时间内满足了群众对幼儿教育的需求,解决了发展幼儿教育所需的大量资金缺口,走出了适合自己的发展道路,其中有许多经验是值得借鉴的。城区扩建给学前教育发展带来新的生机,嘉兴市在改建扩建原有中心幼儿园的同时,还发文规定小区配套幼儿园建设由教育行政部门参与规划、设计,要求与小区建设统一规划、统一施工、统一验收,验收后移交教育行政部门实行管理。这种做法的实质是利用民间资金保证新建小区配套幼儿园的基础建设,再以合理有效的管理来促进其质量的提升。龙港镇和温州其他乡镇一样,在建镇之初没有一所幼儿园,伴随人口和城区的急剧增长,对幼儿教育的需求日益增大,为满足群众的需要,温州市出台一系列政策,鼓励和肯定民办幼儿园的发展,形成了独特的"温州幼教模式",这个模式以它灵活的筹资方式,利用温州雄厚的民间资本,迅速开创了幼教的全新局面,形成了以社会力量办幼儿园为主体,多渠道、多形式、多体制办园的新格局。龙港幼教只是这个模式的一个小小缩影。

(2) 如何保证师资质量。在城乡结合部的新建城区,新建的幼儿园大量涌现,需要大量的师资,从而形成了巨大的师资缺口。而原有的农村幼儿教育师资底子较薄弱,数量少,学历低,教学水平不高。在此基础上快速补充形成的师资队伍,在保证数量的同时,往往难以保证质量,特别是新建民办幼儿园的师资队伍流动性大,质量较低,师资质量已经成为民办幼儿园进一步发展的瓶颈。为保证师资质量,浙江省各地出台了不少办法,使新建幼儿园在拥有硬件的同时发展软件,提升教养质量。一方面规范幼儿教师的聘用标准,并保障其相应的待遇,让更多的合格人员充实到教师队伍中去。如余杭等地已试行的采用公开招考的办法,优先为乡镇中心园及民办园配备一定名额的由财政支付工资的公办教师编制,切实提高农村幼儿骨干教师的学历素质和待遇;对非公办幼儿教师,尝试人事代理等方式保障其应有的工资待遇、职称评定及其他合法权益等。另一方面加强教师职后管理与队伍建设,尝试构建以园本培训为平台的城乡一体化的幼儿教师继续教育网络体系,通过多种途径、形式,不断提高幼儿教师的业务素养和科研能力。如安吉等地试行的结合城市化进程,对县镇幼儿园与乡镇幼儿园园长、教师进行一体化管理的办法,推进城乡教师的合理流动,促进了幼儿教师整体素养的提升。还有如杭州市的品牌幼儿园集团化发展和师资共享策略,有力地推动了新建城区幼儿园的优质化发展。

（3）如何保证流动人口子女入园。城市化进程中新建的城区往往是外来人口集居区,如龙港镇的外来人口占城区总人口的一半之多,城南街道的暂住人口是常住人口的两倍多。如何保证流动人口子女入园是农村幼儿教育转型发展的一个重要使命。解决好流动人口子女入园问题,既能解放妇女劳动生产力,又有助于实现社会与教育公平,体现和谐社会对弱势群体的扶助。为此,浙江省各地相继出台一系列政策,保证流动人口子女入园、入好园。如杭州市采用发放教育券的方式,对流动人口子女入园提供资助,鼓励各级各类幼儿园接收流动人口和低收入家庭子女入园。流动人口子女由于其家庭经济背景不利,上的幼儿园多半是家庭式的民办幼儿园,收费低,规模小,条件差,基本的卫生条件和教育质量都无法保证。因此,为保证流动人口子女的入园质量,浙江省各地教育行政部门针对本地的实际情况,提出整改措施,改善民办幼儿园的办园质量。如温州市2000年以来大力整顿民办幼儿园,强化管理,采取有效措施,取缔不符合标准的、保教质量过低的幼儿园;同时加强督导,配备较为完善的年检制度,保证办园质量的持续提高;并规范民办幼儿园的收费制度,民办幼儿园实行收费备案公示制,按质论价,合理收费,兼顾保障其可持续发展和流动人口及低收入家庭子女的受教育权,等等。

六、三年学前教育的普及与提高[①]

1995 年以后,在全国范围内一度出现企事业办的幼儿园"关、停、并、转",给公办幼儿园"断奶"、出售拍卖幼儿园、抽走资金等倾向,威胁着幼儿教育的生存和发展。浙江省政府和教育行政部门的领导充分地认识到幼儿教育是基础教育的重要组成部分,发展幼儿教育,是巩固"普九"水平、达到各类教育均衡发展、实现教育普及化的需要,是人民群众希望子女接受优质的早期教育的需要,是保护儿童发展权,缩小发展差异,提高劳动者素质,促进社会政治经济持续稳定健康发展的需要。因此,发展和管理幼儿教育是政府的重要职责。

---

① 部分内容由陈熙熙提供一手资料。

　　在正确认识的基础上,浙江省政府和教育行政部门提出了加快普及幼儿教育的工作目标,省教育厅及时制定了幼儿教育事业的发展规划,并出台了一系列政策措施。1998年,浙江省政府转发了由省教育厅制定的《关于加快我省幼儿教育改革和发展的意见》,坚持动员社会力量多渠道、多形式发展幼儿教育;2000年1月,省教育厅召开幼儿教育工作会议;2001年11月,省政府在《加快基础教育改革和发展的决定》中明确地提出,到2005年,基本普及从学前三年教育到高中阶段的15年教育;2002年4月,省教育厅又召开了全省幼儿教育工作会议,制定了分地区的幼儿教育发展策略,就加强幼儿教育管理、办园体制改革、师资队伍建设、加大幼教投入和提高保育教育质量等方面作了相应的部署,并把学前三年幼儿入园率、示范性幼儿园建设和乡镇中心幼儿园建设作为"教育强县"、"教育强镇"的重要指标,促使各级政府和教育部门不断强化对幼儿教育重要性的认识。幼儿教育在基础教育中的地位得以确立,全省上下形成了对幼儿教育的共识,全省共11个地级市,全部制定了教育发展规划,提出了实施措施,并相继召开了教育工作会议,幼儿教育呈现出前所未有的发展势头。

　　在政府重视和多方努力下,浙江省三年学前教育普及与提高的成绩是十分显著的。据1999年底统计,全省共有幼儿园14864所,在园幼儿数1083790人。虽然全省出生率下降,适龄幼儿总数减少,但在园幼儿数比1995年增加了近9万人。3—5周岁幼儿入园率达到70%,比1995年的4—6周岁的入园率提高17个百分点。全省农村基本普及学前一年教育,城市和县城以及一部分经济较发达的农村地区已基本普及了学前三年教育。据统计,浙江省2005年3—5周岁学前儿童入园率达到86.45%,基本实现了全省学前三年教育的普及。与1999年的入园率相比,又整整提高了17个百分点。值得一提的是,在城市入园率基本稳定的情况下,"十五"期间入园率的提高主要在农村,并且主要依靠民办幼儿园的发展。在近年来全国幼儿教育事业普遍滑坡,部分省份入园人数锐减的情况下,浙江幼儿教育得到的快速发展是十分可贵的,经验是值得推广的。

　　1. 坚持多元化办园,快速发展幼教事业

　　1998年以来,浙江省坚持走多元化办园之路,各级政府坚持继续保持对公办幼儿园的财政投入,确保幼儿园都能较好地发挥骨干示范作用,并大力提倡全有民办的幼教机构,支持各地政府和公办幼儿园以合法渠道融资举办公有民办的幼儿园,支持乡镇政府多渠道创建乡(镇)中心幼儿园,发展农村幼儿教育。各地乡镇政府根据本乡镇的经济状况因地制宜,通过财政拨款、社会集资、银行贷款、股份合作等多种渠道筹措资金,多种形式创建乡镇中心幼儿园,使乡镇中心幼儿园的建园率大幅度提高,办园条件有了明显的改善。同时,各地以乡镇中心幼儿园为依托,积极调整农村幼儿园的网络建设,通过联办使中心村都有幼儿园,偏远村都有教学点。鼓励有关部门和企事业单位继续办好幼儿园。浙江省的大型企业、大专院校、政府机关、妇联等部门都办有较大规模的幼儿园,办园条件和教学质量也相对较高,是浙江幼教的中坚力量。积极扶持民间办园,浙江省对民办园在批拨土地、基建和规费等方面提供许多优惠政策,在评等级、表彰先进等方面与公办幼儿园一视同仁,为民办幼儿园的发展创造了较为宽松的投资环境,吸引了一批热心教育的社会人士对幼儿教育投入大量资金,形成了浙江幼教发展的一大特色。

2. 加强管理和指导,使幼儿教育规范健康发展

社会力量办园积极性高涨,民办园遍布全省各地,浙江省各级教育行政部门对社会力量办学依法管理,加强指导。全省普遍实行了幼儿园登记注册,分等定级、按级收费制度,并通过教育专项督导,清理整顿未经登记注册,办园条件低劣的幼儿园,使幼儿教育逐步走上规范化管理的轨道。以平阳县为例,该县地处浙南沿海,全县有民办幼儿园 400 多所,其中有不少是擅自创办的,园均幼儿不到 50 人,有独立园舍的不到 15%,托幼园所教师学历合格率仅为 57%,全县幼儿入园率只有 62%。面对现状,县教育局决定从 2000 年开始用 3 年时间进行清理整顿。平阳县教育局依据《幼儿园管理条例》等法规,切合实情,因地制宜,确定全县统一的办园最低指标要求,并组织力量按指标要求对各类幼儿园进行检查,合格者发给办学许可证,不合格者立即停办或限期整改。经过 3 年清理整顿,至 2003 年,全县幼儿园已调整为 130 所,园均幼儿提高到 120 人以上,学前三年入园率达到 83.6%,师资队伍素质明显提高,教师学历合格率已在 95% 以上,其中大专学历(含在读)达 40%,全县已有乡(镇)中心幼儿园

18 所,市示范园 5 所,省示范性幼儿园 2 所。

3. 开辟灵活多样的幼教形式,扩大幼教普及率

由于各地经济发展的不平衡,特别是贫困山区教育基础薄弱,偏远山区和散居村落是发展幼儿教育的难点。近几年,浙江省用创新的思路,积极开辟幼儿教育的新途径,多形式开展幼儿教育,积极倡导开展灵活多样的非正规幼儿教育形式以扩大幼儿受教育面,积极倡导扶贫帮困,发展贫困地区的幼儿教育。各地普遍开展了城乡结对、扶贫帮困、送教下乡、送教上山活动,教育部门牵线搭桥,将示范园、骨干园同贫困山区、海岛需要帮扶的幼儿园或幼教薄弱乡村挂钩结对,以强带弱,扩大贫困地区幼儿受教育的覆盖面,取得了良好的效果。如浙北山区安吉县地域广,人口分散,他们探索出了一套适合山区散居儿童学前教育的组织形式——幼教大篷车,是该县创办的一所特殊幼儿园。它每周巡回开进报福、缫金、章村等偏远的山村,开展定时、定点的“每周一日幼儿园”和不定点的人户指导等教育活动。幼教大篷车把文明的生活方式带进了山村,山村的孩子喜欢与人交往了,头发干净了,指甲剪短了,家长也在孩子的影响下逐步改变一些不良的卫生习惯,并转变育儿观念。送教老师经过“上山下乡”的锻炼,更加爱岗敬业,送教志愿者报名也十分踊跃。杭州市下城区地处杭州市中心,学前教育基础较好,3—5 周岁幼儿入园率达 100%,还接收了大量外来民工子女入园。为了让更多的孩子接受更早更好的教育,他们提出了在高标准普及学前三年教育的基础上,构建以社区为依托,正规与非正规、幼托机构与家庭服务相结合的区域性早期教育服务网络,大力发展灵活多样的早期教育。他们成立了区学前教育指导服务中心,依托社区,按片布局,投入 100 多万元资金,在该区的东西南北中改建了 5 所学前教育机构,使之成为 0—3 周岁早教示范园;并以示范园为依托,按地域将各种办园体制的托儿所归为一个网片,每片配备了辅导员定时对各类托儿所进行业务辅导,全面提高托儿所的早教水平。同时把早教延伸到社区散居婴幼儿,利用全日制幼儿园的教育资源开办“亲子乐园”,向社区内 6 个月至 3 周岁的婴幼儿开放。多种形式的亲子教育的实施,不仅很好地帮助了看护人转变家教观念,提高家教水平,而且又为建设学习型家庭和社区打下了坚实基础。

4．认真贯彻《幼儿园教育指导纲要（试行）》，提高幼教质量

为促进全体幼儿健康、富有个性地发展，浙江省认真贯彻《幼儿园教育指导纲要（试行）》，改革规划，采取多种形式，积极推进幼儿园实施素质教育。首先使广大幼教工作者提高认识，明确《纲要》的指导思想和基本要求，更新观念，同时使幼儿家长以及社会人士也能了解《纲要》，争取社会、家长的理解、支持与配合，为实施《纲要》营造了一个良好的社会氛围。组织开展对《纲要》的全员通识培训，召开了实施《纲要》实验工作会议，布置了全面实施《纲要》的工作部署，制定了《纲要》的实施方案，确定了以县为单位的幼儿园教改试验区和24个实验园。全省幼儿园教科研气氛浓厚，教改热情高涨，幼儿园教育教学改革逐步深入，保教质量不断提高。

表5　1980—2007年浙江省幼教事业发展状况一览表

年份	园所数（个）	幼儿数（人）	入园数（人）	入园率	师资数（人）	合格率
1980	7067	2111262	433935	20.55%	—	—
1981	5235	2068646	419742	20.29%	—	—
1982	6409	2064769	445165	21.56%	—	—
1983	—	2052619	471938	22.99%	—	—
1984	11511	1848899	606512	31.22%	—	—
1985	12468	1810205	654062	36.13%	—	—
1986	12375	1849055	719011	38.88%	30310	8.9%
1987	13366	1917612	812481	42.36%	33240	11.23%
1988	12590	1849272	803205	43.43%	33851	18.32%
1989	12153	1825660	748453	40.99%	34489	25.32%
1990	11824	1724678	751635	43.58%	35432	30.23%
1991	11242	1823471	891164	48.87%	30181	38.12%
1992	11048	1973309	990303	50.18%	36046	42.93%
1993	10855	2022995	1061239	52.46%	38060	46.42%
1994	11705	1924860	993301	51.60%	42165	47.95%
1995	11794	—	994277	53%	43215	51.28%
1996	11915	—	989517	60%	46288	53%
1997	12920	—	1002084	64%	47280	58%

（续表）

年份	园所数（个）	幼儿数（人）	入园数（人）	入园率	师资数（人）	合格率
1998	14068	—	1059047	68%	51143	60%
1999	14864	—	1083790	70%	53397	—
2000	15073	—	1124527	72%	57932	—
2001	12501	—	1151303	75.2%	55805	—
2002	11920	—	1176097	84%	57082	—
2003	11560	—	1179500	84%	62294	93.6%
2004	11366	—	1072974	85.58%	67297	—
2005	11472	—	1322245	86.48%	71502	—
2006	11437	—	1389060	87%	76210	—
2007	10411	—	1477802	90.99%	82659	—

第二节　幼儿园的教育改革

一、20 世纪八九十年代幼儿园教育的规范与改革

十一届三中全会之后，在党的改革开放的政策指引下，幼儿教育迎来了一个新的发展阶段。1981 年 10 月，教育部正式颁发《幼儿园教育纲要（试行草案）》[①]，这是新中国成立以来幼儿园教育的第二次重要改革。它是在 1952 年《幼儿园教学纲要》的基础上制定的，将"教学"改为"教育"，在制订过程中，认真吸取了新中国成立以来幼儿教育改革的经验、教训，切合我国当时幼儿教育发展的实际需要。《纲要》规定幼儿园教育设体育、语言、常识、计算、音乐、美术等科。《纲要》颁布后，幼儿园教育教学工作得到逐步恢复，重新走上规范化的道路。但是，以学科为中心的幼儿园分科教学虽有优越性，如注重知识的集中性和系统性，有利于提高教学效率，适合集体教学，对师资素质要求相对较低等；但其弱点与弊端也不可

---

① 中国学前教育研究会编：《百年中国幼教》，教育科学出版社 2003 年版，第 152 页。

忽略，如过于注重学科的系统性，各学科之间相互割裂，普遍存在重智轻德体、重教师轻学生、重上课轻游戏等倾向，不利于幼儿的全面发展。因此，在 20 世纪 80 年代，我国幼教工作者在总结陈鹤琴单元教学和苏联模式的分科教学经验的基础上，在较为科学的儿童观、主体观和活动观的指导下，进行了一系列幼儿园课程改革实验，如综合主题教育、活动课程与发展能力课程等。这些实验冲破了分科课程的模式，在系统论思想的指导下，将各科教学内容、各种教育手段，围绕主题有机地结合起来，以幼儿的主动学习为核心来完成全面发展的教育任务，从而有利于开拓幼儿自身所具备的潜在能力，培养适应现代社会所需要的人才。

1980 年，卫生部、教育部联合颁发《托儿所、幼儿园卫生保健制度（草案）》①。1985 年，卫生部对其作了修订。内容包括生活制度、婴幼儿饮食、体格锻炼制度、健康检查制度、卫生消毒及隔离制度、预防疾病制度、安全制度等 9 个方面，并附有《婴幼儿喂养参考表》。此文件规范了托儿所、幼儿园的保育工作，确保了婴幼儿的健康和安全。

1989 年，国家教育委员会颁布《幼儿园工作规程（试行）》②，经全国试行实践检验后，于 1996 年正式颁布为《幼儿园工作规程》。该《规程》注重幼儿的整体发展，提出体、智、德、美诸方面有机结合、相互渗透，注重个体差异和年龄特征，注重综合组织教育内容并渗透到一日生活的各项活动，强调游戏，注重兴趣，关注幼小衔接，着眼于幼儿长远的发展，强调适宜环境的创设等等，体现了新的儿童观、教育观、课程观，表明我国幼儿教育的发展趋势已融入了世界幼儿教育的发展潮流。

二、《幼儿园教育纲要（试行草案）》等文件的实施

为贯彻教育部颁发的《城市幼儿园工作条例》和《幼儿园教育纲要（试行草案）》，浙江省教育厅组织幼教骨干及教师认真学习，进一步明确幼儿教育的培养目标，克服小学化、成人化、重作业轻游戏、"放羊式"教育等现象，使幼儿在体、智、德、美诸方面得到发展，并通过结合本省实际编

---

① 中国学前教育研究会编：《百年中国幼教》，教育科学出版社 2003 年版，第 58 页。
② 同上，第 29 页。

写幼儿园教材和培训幼儿园师资队伍等具体措施,进一步实施幼儿园的教育改革,全面提升幼儿园的教育质量。

(一) 幼儿园的教育目标与任务

1979 年 10 月,浙江省托幼工作会议召开,根据《全国托幼工作会议纪要》的精神,提出幼儿教育的任务是把学龄前儿童培养成为体魄健壮、品德良好、智力发达的一代新人。1980 年 2 月,省教育厅转发了教育部颁发的《城市幼儿园工作条例(试行草案)》,全省多数城镇幼儿园据此制订教育工作任务和目标,一般都规定既要有助于解放妇女劳动力,促进社会主义革命和建设事业的发展,又要培养幼儿体、德、智、美全面发展,为"四化"建设作出贡献。[①]

1981 年 10 月,教育部颁发《幼儿园教育纲要(试行草案)》,规定"幼儿园的教育任务应是向幼儿进行体、智、德、美全面发展的教育,使其身心健康活泼地成长,为入小学打好基础,为造就一代新人打好基础"。[②] 按照《纲要》精神,结合浙江省的实际情况,一般幼儿园确定的具体目标和任务是做好卫生保健工作,培养幼儿良好的生活卫生习惯和独立生活能力,培养对体育活动的兴趣,促进幼儿健康成长;教给幼儿周围生活中粗浅的知识和技能,发展幼儿的智力和语言表达能力;培养幼儿爱祖国、爱人民以及团结友爱、礼貌文明等优良品德;教给幼儿音乐、舞蹈、美术等粗浅知识和技能,培养幼儿对周围生活和文艺中美的感受力、表现力等。[③]

1989 年 6 月后,全省幼儿园贯彻执行国家教育委员会发布的《幼儿园工作规程(试行)》中规定的幼儿园任务及保育和教育的主要目标,实行保育与教育相结合的原则,对幼儿实施体、智、德、美全面发展的教育,促进幼儿身心和谐发展,同时为幼儿家长安心参加社会主义建设提供便利条件。幼儿园的保育和教育目标主要有:促进幼儿身体正常发育和机能的协调发展,增强体质,培养良好的生活习惯、卫生习惯和参加体育活动的

---

① 浙江省教育志编纂委员会编:《浙江省教育志》,浙江大学出版社 2004 年版,第182 页。

② 中国学前教育研究会编:《百年中国幼教》,教育科学出版社 2003 年版,第 153 页。

③ 浙江省教育志编纂委员会编:《浙江省教育志》,浙江大学出版社 2004 年版,第183 页。

兴趣；发展幼儿正确运用感官和运用语言交往的基本能力，增进其对环境的认识，培养有益的兴趣和动手能力，发展智力；萌发幼儿爱家乡、爱祖国、爱集体、爱劳动的情感，培养诚实、勇敢、好问、友爱、爱惜公物、不怕困难、讲礼貌、守纪律等良好的品德、行为、习惯以及活泼、开朗的性格；萌发幼儿初步的感受美和表现美的情趣，等等。① 一些幼儿园还结合本园实际制定了具体的培养目标，把《规程》精神给以进一步细化和具体化，便于实施。此外，一些地区还统一制定了幼儿日常行为规范，以贯彻《规程》精神。如平湖县 1989 年 9 月制定的《幼儿日常行为规范(试行草案)》就对幼儿日常行为作出了具体规定：

1. 尊敬国旗、国徽，看到升国旗要立正、脱帽，眼睛看着国旗上升。

2. 对人有礼貌，见到长辈、同伴要问好，学会使用礼貌用语，不说粗话，不插嘴，客人来时热情接待，外出做客不随意动别人的东西。

3. 爱父母，爱老师，尊敬长辈，学会谦让，不任意发脾气，主动帮助他们做力所能及的事。

4. 和同伴友好相处，乐意帮助同伴。

5. 做到饭前便后洗手，节约用水，养成良好的卫生习惯。

6. 不吮咬手指，不挖鼻孔，勤剪指甲，勤理发，勤洗澡，保持手脸干净和衣服整洁。

7. 爱惜粮食，不挑食，不剩饭菜，爱惜衣服，不挑穿，上街时不随意要大人买东西。

8. 爱学习，爱提问，爱动手动脑，看书、握笔姿势正确，物品用后放回原处。

9. 爱劳动，不懒惰，自己能做的事自己做，认真做好每一件事。

10. 在公共场所不大声叫喊，不攀摘花草树木，不涂画墙壁，不乱扔果皮纸屑，不损坏别人的东西，拾到东西要上交。

11. 按时到园。因病或因事不能到园，要请家长请假。

12. 不向家里大人讨零钱，节约用钱，不独自到街上买东西吃。

---

① 　浙江省教育志编纂委员会编：《浙江省教育志》，浙江大学出版社 2004 年版，第183 页。

（二）幼儿园的课程设置与省编教材的编写

1958 年前后,浙江省各地市和部分县分别编写幼儿教材供幼儿园采用。如湖州市初级幼儿师范学校组织教师编写两册《农村幼儿教材》,在全省范围内发行,供各地农村幼儿园使用。"文革"结束后,浙江省幼儿园教育恢复了计算、语言常识、音乐、美工、体育等课程,走上了幼儿教育规范化的道路。在规范幼儿园课程的同时,组织力量编写了符合本省实际的教材,以提高幼儿园教育质量。1976 年,杭州市教育局组织编写的《杭州市幼儿教材》适合城镇示范性幼儿园使用,发行达 2 万套 10 万册。1979 年 2 月,杭州市教育局组织编写出版了《幼儿园各科教学纲要》以及计算、音乐、美工、体育、语言常识等各科教材共 7 册,由省教育厅介绍推荐供省内幼儿园使用,成为各幼儿园的基本教材。1980 年 2 月,省教育厅向全省各地转发了教育部制定的《城市幼儿园工作条例(试行草案)》,各地城镇幼儿园据此设置了语言、常识(日常生活中幼儿可理解的、粗浅的自然科学常识)、计算、音乐、美术、体育 6 科作业。教材除用杭州市教育局编印的一套教材以外,还有绍兴、金华、温州等地(市)编印的部分补充教材。1981 年,省教育厅组织力量,以浙江幼儿师范学校教师为主,选派幼儿园优秀教师和地县教研员,在调查研究的基础上,编写了浙江省的《幼儿园教材》。该教材分体育、语言与常识、计算、音乐、美工 5 册,每册包含小班、中班、大班三个部分,还附有农村学前班教学计划及混合班的教学实例。全套教材遵循教育部颁布的《幼儿园教育纲要(试行草案)》的基本要求,结合浙江省的实际情况编写而成,主要供农村幼儿园使用,同时也兼顾城镇幼儿园的需要,对幼儿家长和关心幼儿教育的人士也有某些参考价值。教材还附有《参考资料》《教学意见和教学进度表》《教学建议和教法说明》等,供教师在使用时参考。这套教材后于 1986 年和 1991 年两次修订,比较符合浙江城乡的实际,因而受到欢迎,对提高幼儿园教育质量起了积极作用。

1981 年 10 月,教育部颁发《幼儿园教育纲要(试行草案)》后,全省各地幼儿园逐步按《纲要》规定的要求设置课程。小班每节 10—15 分钟,中班每节 20—25 分钟,大班每节 25—30 分钟。小班每周语言 1 课时,常识 1 课时,音乐 2 课时,美术 2 课时;中班每周语言 2 课时,常识 2 课时,音乐

2课时,美术2课时,体育1课时,计算1—2课时;大班每周语言2课时,常识2课时,音乐2课时,美术3课时,体育1课时,计算2课时。在具体安排课程时,各地幼儿园可根据实际情况进行调整,有的小班增加音乐课时,有的中班增加计算和美术课时,有的大班增加语言课时等。

　　1982年,教育部编印了《幼儿园教材》,共分《体育》《语言》《常识》《计算》《音乐》《美术》《游戏》7种教材,浙江省幼儿园普遍使用。同时省编教材继续发行,供各类幼儿园选择使用。此外,不少市、县教育部门和幼儿园还另行编写补充教材进行教学。如温州市各幼儿园,以采用统编教材为主,也选用省编教材,同时自编补充教材。温州市鹿城区教育行政部门从1984年至1990年组织编写了《幼儿园音乐舞蹈游戏教材》《幼儿园语言补充教材》《幼儿园主题综合教育补充教材》等10余种补充教材供幼儿园教师选用。①

　　幼儿园的一日活动安排,作为幼儿园课程的载体,全省的幼儿园基本一致。但也有一些幼儿园开始结合本园实际,形成本园的课程特色(见表6)。如杭州市东园新村幼儿园坚持把体育放在首位,重视幼儿的合理营养,科学安排幼儿的生活,注意运用各种教育手段,让幼儿动脑、动眼、动嘴、动手,培养孩子的求知欲望和学习兴趣,并寓爱祖国的教育于日常生活、游戏、各科教学活动之中,使教育质量不断提高。宁波市第四幼儿园培养幼儿从小爱科学的经验,在1983年的全国贯彻《幼儿园教育纲要(试行草案)》经验交流会上作了介绍。

表6　1989年冬季临安县城南小学幼儿园一日活动安排②

项目	作息时间	星期一	星期二	星期三	星期四	星期五	星期六
晨间活动	7:30—8:10	1.教师热情接待幼儿,并进行晨检。2.按不同季节供给不同活动器具。3.供给桌面玩具(积木、娃娃、各种塑料插子、纸、油画棒等)。					

　　①　浙江省教育志编纂委员会编:《浙江省教育志》,浙江大学出版社2004年版,第188页。
　　②　同上,第188—189页。

项目	作息时间	星期一	星期二	星期三	星期四	星期五	星期六
晨间谈话	8:20—8:30	1. 小结前一天或前周的班级情况。2. 提出当天或本周的要求。					
早操	8:30—8:45	各班根据本班情况，选编符合本班幼儿的模仿操、徒手操。					
第一节课	8:45—9:15	安排较安静的课（语言、常识、计算等）。					
课间活动	9:15—9:35	开水喝好后，让幼儿在教室内或操场上玩。					
第二节课	9:35—10:05	上幼儿活动的课（音乐、体育、美术等）。					
上午游戏	10:15—10:50	1. 智力游戏（发展幼儿智力、语言表达能力）。2. 音乐游戏（激发幼儿音乐兴趣、发展能力）。3. 创造性游戏（发展幼儿的创造力）。					
饭前准备	10:50—11:00						
中餐	11:00—11:30	安静地进餐，吃完自己的一份饭菜。					
饭后活动	11:30—12:00	安静地活动、看书、折手帕、讲故事、挑花子棒。					
午睡	12:00—14:30	正确的姿势，安静地入睡。					
起床	14:30—14:40	检查鞋子、帮幼儿系鞋带，要幼儿学习整理床铺。					
吃点心	14:40—15:00	吃完自己的一份点心。					
下午游戏	15:00—15:40	1. 在户外活动。2. 主要是体育游戏。					
放学护送	15:40—16:10	按家住路线，以大带小，由老师护送回家。					

　　20 世纪 90 年代，幼儿园的教育教养工作仍以 1989 年原国家教委颁布的《幼儿园工作规程（试行）》为依据，"对幼儿实施体、智、德、美全面发展的教育，促进其身心和谐发展"。这一阶段的教育教养工作特别强调面向全体幼儿，关注幼儿身心健康和谐发展。与此同时加强对家庭教育指导，幼儿园建立家长委员会，普遍开设家长学校，定期举办家庭教育讲座，宣传幼教法规和《家长教育行为规范（试行）》（1997 年由国家教委和全国妇联颁布），为幼儿健康成长创设和睦、平等、民主的家庭氛围。

　　随着社会的发展和幼儿教育自身改革的进展，幼儿教育的方方面面都发生了很大的变化。各级各类幼儿园从 1990 年 2 月起实施国家教委颁布的《幼儿园管理条例》《幼儿园工作规程》，对教材提出了新的要求。1993 年，省教育厅组织力量编写新的浙江省《幼儿园教材》。专门成立由浙江省教委、浙江幼儿师范学校、浙江科学技术出版社及部分地、市代表组成的浙江省幼儿园教材编委会。在浙江幼儿师范学校下设办公室,负责日常工作,并按编写内容分设语言、常识、计算、音乐、体育、美术、智力游戏等7个编写组。新的教材融教育性、科学性、实用性于一体,吸取原有教材中的合理部分,城乡兼顾,立足本省,不断创新,满足需要。整套教材按小、中、大班上、下分册,共计6册。还附有教师参考用书、教学挂图及音像材料、幼儿操作材料等。这套教材以新颖实用、系列配套、印刷精美等优势在省内外获得好评,赢得市场,被浙江省及全国部分地区的幼儿园广泛采用,对促进城乡幼儿园课程改革,特别是对改变农村幼儿园小学化倾向起到了积极的作用。

(三) 幼儿园的教育方法

1979年后,在《全国托幼工作会议纪要》和《城市幼儿园工作条例(试行草案)》的指导下,对幼儿教育的方法与手段作了较大的改进。主要有:尽量消除政治化的影响;结合幼儿年龄特点,采用直观、形象的教育方法;重视作业和教学;以游戏作为幼儿教育的基本活动形式,等等。全省各地幼儿园都十分重视作业和游戏,注重开展丰富多彩的游戏活动,如棋类游戏、发展智力的建筑游戏、活动性游戏、音乐游戏、表演游戏、数学游戏和创造性游戏等。

1982年起,城乡幼儿园普遍实施教育部颁发的《幼儿园教育纲要(试行草案)》。全省幼儿园积极投入到教育方法和手段的改革中去,幼儿园教育方法更多地关注儿童实际与需要,出现了多元化的趋势。1985年后,幼儿教育方法和手段得到进一步改革,有些幼儿园逐步形成了自己的特色。据省及各市县教育志记载,杭州市行知幼儿园、浙江幼儿师范学校附属幼儿园、宁波市第一幼儿园、余姚市临山幼儿园、嘉兴市第一幼儿园、温岭县示范性幼儿园、定海县城关幼儿园、缙云县五云实验幼儿园等,均较重视组织幼儿观察社会和大自然;开辟幼儿种植园地,饲养小动物,布置自然角;坚持进行个人卫生检查和环境卫生活动,把对幼儿的个性品质和行为习惯的培养、智力发展、思想品德教育渗透在一日活动之中。温州市机关第一幼儿园开辟了1700平方米的幼儿游乐园,开展多种多样的游戏活动,促进幼儿的全面发展。温州市第四幼儿园开展"人人争当小雷锋"

活动,请学雷锋的优秀代表现身说法,为幼儿创设"争当小雷锋"的环境和条件,设立"拾物角""修理角",让幼儿自己动手修补图书,修理玩具,还设立光荣簿记录好人好事。通过这些活动,幼儿的思想、道德、行为都有了较大进步。湖州市实验幼儿园从 1985 年起开始进行"幼儿能力发展"的课程教学改革试验:在园内开辟种植园地,种植各类植物供幼儿观察;在教室内设有内容丰富的自然角,供幼儿实验;在教室的墙壁上挂一块绒布,供幼儿参与环境布置。园内还创设一个综合活动室,室内布置音乐角、图书角、手工操作角、建筑角等,每个幼儿可自主选择活动,使幼儿在丰富多彩的活动中成长。1989 年,该园教改试验从 3 个班发展到 7 个班。同年 11 月,全国幼儿教育研究会年会在湖州市举行,湖州市实验幼儿园被定为会议的观摩现场,其经验受到与会者肯定。

(四) 幼儿园的保育

1979 年,全省托幼工作会议召开,对恢复和发展幼儿园卫生保健工作进行了具体部署。1980 年,卫生部、教育部联合颁布《托儿所、幼儿园卫生保健制度(草案)》。全省幼儿园与托儿所认真贯彻该《制度》,恢复和规范了托幼机构的卫生保健制度。1981 年后,在全面实施教育部颁发的《幼儿园教育纲要(试行草案)》中关于卫生保健工作的系统规定下,许多幼儿园注重进一步改善幼儿饮食管理和卫生,注意幼儿营养;健全环境卫生和幼儿个人卫生制度,培养良好的生活卫生习惯;培养幼儿对体育活动的兴趣与能力,切实实施各种健康检查制度,保护和促进幼儿健康。① 据各市教育志记载,到 1985 年底,杭州市已有 80% 幼儿园建立卫生保健制度,配有专兼职保健人员;儿童入园均进行体检并建立健康档案;平时坚持对幼儿进行晨间检查,并基本上做到食具、玩具消毒,流水洗手,一人一毛巾。59% 的幼儿园做到计划膳食,每季度至少进行一次营养分析,调整蛋白质、营养素的比例,保证幼儿正常发育的需要。基本做到幼儿每天有 2 小时的户外活动时间。温州市建立了托儿机构保健网,制定了《卫生保健评分细则》,每年 2 次对全市幼儿园的卫生保健工作进行评比检查,还组织

① 浙江省教育志编纂委员会编:《浙江省教育志》,浙江大学出版社 2004 年版,第 194 页。

培训幼儿园的医务保健人员,编印了13万字的培训教材。

为进一步提升托幼机构的卫生保健质量,1987年5月,省妇女联合会、省教育委员会、省总工会、省卫生厅联合表彰全省先进托幼园所100个。这些园所卫生保健制度得以落实,幼儿的身心发育健康,是同类幼儿园的表率。20世纪80年代中后期,随着民办幼儿园的增加,为敦促个体民办幼儿园执行《托儿所、幼儿园卫生保健制度》,1987年浙江省颁布实施了《浙江省个体托幼组织管理试行办法》,其中对个体民办托幼组织的卫生保健制度作出了明确规定。80年代末,全省幼儿园卫生保健工作水平在总体上进一步提高,绝大多数幼儿园都已建立卫生保健制度,合理地安排幼儿的生活、活动,加强饮食管理,坚持体格锻炼、健康检查、卫生消毒,做好疾病防治,落实安全措施。如临安县城南小学幼儿园就于1989年4月根据《试行办法》精神修订了原有的《卫生保健制度》,作出了以下规定①:

1. 新生入园进行体格检查,健康卡由幼儿园统一保管存档。

2. 科学地安排好幼儿的生活,使幼儿养成按时作息的习惯,安排活动注意动静交替。

3. 结合各科进行卫生常识教育,养成饭前便后洗手的良好习惯。懂得用眼卫生(幼儿每月换座位1次),每学期检查视力一次,发现视力低于"1.0"的,及时报告家长,及早预防和治疗。

4. 环境、教室做到天天一小扫,每周一中扫,每月一大扫。平时窗户要敞开,空气要新鲜。

5. 幼儿棉被经常晒,并督促家长洗涤和调换,玩具和幼儿用品应经常揩洗和日晒。

6. 传染病流行季节与保健站联系,采取预防措施。一经发现患者,必须进行教室用具的消毒,并劝说病孩家长让孩子在家或住院治疗,再度入园要持医生的健康证明。

7. 认真办好幼儿伙食,制定适合幼儿年龄的食谱,保证幼儿必需的

---

① 浙江省教育志编纂委员会编:《浙江省教育志》,浙江大学出版社2004年版,第194—195页。

营养。

8.每人一巾、一杯、一套餐具(一碗、一盘、一调羹),及时清洗消毒。

9.建立卫生保健箱:内设红汞、碘酒、蓝药水、双氧水、药棉、消毒纱布、体温表等药品器材,设专人负责,管好、用好药品。

10.坚持晨间检查制度,晨间检查项目如下:(1)头、颈、脸、耳、皮肤是否清洁,有否流鼻涕;(2)有否红眼病和眼分泌物;(3)双手是否清洁;(4)有否清洁手帕;(5)衣服是否清洁,扣子是否扣好;(6)仪表是否整齐。

除制度保障外,这一时期各幼儿园的医务人员保障工作也得到了加强。1989年,全省幼儿园共有医务人员和保健员910名,条件较好的城市幼儿园和企事业部门的幼儿园中半数已建立医务室或保健室;城镇幼儿园中有1/4已建立医务室或保健室。①

20世纪90年代以后,幼儿园的保育工作不仅关注幼儿的身体健康,还逐渐关注幼儿的身心健康,尤其是心理健康的正常发展。克服重教轻保现象,坚持保教并重。如宁波市于1998年4月召开全省的"幼儿园保育保健暨健康教育工作经验交流会",会议重点是如何保育幼儿的身体与心理健康和谐发展。

(五) 幼儿园的管理

1979年后,贯彻全国托幼工作会议及浙江省托幼工作会议的精神,幼儿园的管理工作逐步恢复正常。1980年,遵照《城市幼儿园工作条例(试行草案)》,尝试推行由园长主持工作的幼儿园管理制度。由幼儿园园长在上级党委和教育行政部门领导下主持全园工作,负责贯彻教育方针、政策以及上级指示和决定;组织和领导幼儿园的保教和教研工作;组织领导教职工的政治、文化、业务学习,管理幼儿园园舍、设备和经费等。② 部分幼儿园在20世纪80年代中期试行由园领导、教研组长、总务组长等组成园务委员会,决策园内的重大问题。1989年起,遵照《幼儿园工作规程(试行)》,实行园长负责制。较前一阶段有所进步的是,规模较大幼儿园

---

① 浙江省教育志编纂委员会编:《浙江省教育志》,浙江大学出版社2004年版,第194页。

② 同上,第194—195页。

中设立了园务委员会,其中设有家长代表,与园方代表共同研究决定园内重大问题,这是幼儿园民主管理的有效举措。园内管理机构,一般在园长下设教研组(又据大、中、小班分设小组)、保育组、保健室、总务室、食堂、财会室。园内还建立基层教育工会、共青团支部。较大的幼儿园还建立职工代表大会制度,以推动职工参加幼儿园民主管理。绍兴越城区幼儿园组织系统①一般如下:

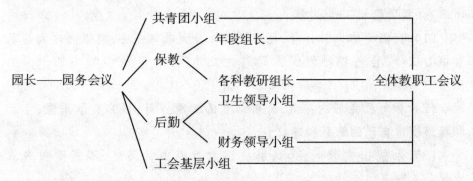

　　20世纪80年代中期以后,为加强园内管理和提高教育质量,许多幼儿园建设和完善了幼儿园各项管理制度,制定了诸如《幼儿园园规》《园长工作职责》《教师工作职责》《保育员工作职责》《幼儿卫生保健制度》《财务制度》等园内管理的规章制度。如1985年,嘉善县魏塘镇第一幼儿园管理工作逐步做到规范化,并形成了制度。② 该园对园主任、教研组长、教养员、保育员、炊事员职责作出了明确规定:

　　甲、园主任职责:

　　(1)在上级党组织领导下,负责领导全园工作,贯彻执行党的教育方针、政策、指示和决议。

　　(2)检查督促全园政治学习和业务学习。

　　(3)制定各项规章制度,随时检查执行情况。

　　(4)做好耐心细致的思想政治工作。

　　①　绍兴市教育志编纂委员会编:《绍兴市教育志》,上海教育出版社1994年版,第62页。

　　②　戴之庠主编:《嘉善县教育志》,嘉善县教育局1992年内部发行,第121—122页。

（5）深入实际调查研究，按时制订全园工作计划，定期总结经验教训，努力完成上级布置的各项任务。

（6）定期召开园务会议，研究布置各项工作。

（7）改进工作方法，关心群众生活，实行民主管理。

（8）管理好园舍、设备和经费。

（9）重视保教人员培训工作，争取机会参加培训和外出听课。

乙、教研组长工作职责：

（1）除做好本职工作外，还应该关心全园教育业务，根据园内大活动和中心工作，合理安排好园内同志的工作，并帮助他们解决工作中的困难。

（2）做好园主任的参谋，为贯彻党的教育方针，提高教学质量，主动积极地提出自己的意见和建议。

（3）加强园内教研活动，解决园内教养中的问题，不断提高教养水平。

丙、教养员工作职责：

（1）热爱本职工作，遵守园内制度，带班时应集中注意力，对幼儿全面照顾负责，不得任意离班。

（2）做好晨间检查记录，以及详细交接班工作，注意幼儿健康状况和病孩按时服药情况，对体弱幼儿要多加照顾。

（3）严格执行幼儿一日生活常规，保证户外活动时间，积极开展体育锻炼，注意动静交替，活动时把全体幼儿组织在自己视野内，严禁幼儿拿动危险物（石头、树枝），避免事故发生。

（4）努力钻研业务，改进工作，积累和总结经验，保证教育质量，认真备课，钻研教材，隔日准备好教具，每周六制定好下周逐日计划。

（5）坚持正面教育，对幼儿耐心细致、态度和蔼；对幼儿一视同仁，不偏爱，不训斥。

（6）语言文雅，举止文明，仪表整洁大方；不高声说话，不讲粗话，不在幼儿面前吃零食；严禁体罚和变相体罚。

（7）保管和制作本班玩具、教具，贯彻勤俭精神。

（8）做好家长工作，对家长主动热情，向家长经常汇报幼儿情况，并作记录,虚心听取意见,相互配合,共同教育幼儿。

丁、保育员工作职责:

（1）热爱本职工作,遵守园内制度,服从分配,全心全意为幼儿服务。

（2）每天做好室内外、保管区清卫工作,每天打扫两次,一周大扫一次,保持园内教室内整洁。

（3）做好班级养护工作,做好餐前准备,午睡前铺床,帮助幼儿穿脱衣服鞋袜。

（4）午睡室每天小扫,每周大扫,勤晒被褥,勤揩席子,一月洗被头一次（月底）,午睡室保持空气流通。

（5）每天给茶杯消毒、擦茶杯架一次。

（6）密切配合班级教师,为贯彻党的教育方针,提高教育质量做好服务工作。

（7）保育员之间,团结协作,对幼儿态度要和蔼,说话要亲切,不准大声训斥幼儿。

（8）根据气温变化,及时增减衣服,并叠放整齐衣物。

戊、炊事员职责:

（1）积极开展爱国卫生工作,保持食堂内外清洁、整齐,做到一天三小扫,一周一中扫,一月一大扫。

（2）严格执行卫生制度,不买和不吃腐烂变质食物,做到生熟分开,食具按餐消毒。

（3）每周制定食谱,以新鲜、易消化、适合幼儿口味为原则。

（4）做到粗菜细作,荤菜、米面搭配,注意幼儿营养。

（5）保证炒菜时不吸烟。

（6）食堂人员保证做到五勤:勤洗手、勤剪指甲、勤理发、勤换衣、勤洗澡。

（7）保证厨房的锅盖、桌子、菜饭具无油腻、清洁、整齐。

（8）下班前,整理好餐具、物品,剩余食物要放入密封箱,并加锁。

20 世纪 90 年代以后,在民办幼儿园的发展中,许多规范化的幼儿园都建立了较为完备的管理制度,如董事会制、董事会领导下的园长负责制、教职工自行招聘制等,还设立了党团组织和家长委员会。

为使各种层次的幼儿园共同提高教育质量,全省各地通过幼教辅导网络的建立,按"以公办带民办,以示范带一般,以老带新"的办法进行。以杭州市下城区为例,自 1962 年起,下城区实行公办与民办幼儿园挂钩的业务辅导关系,帮助办好民办幼儿园。1982 年后,在园与园挂钩的基础上建立 8 个小组,成立辅导网。1986 年,按下城区扩大后的街道分成 6 片。1988 年又调整了辅导网片,落实了组长园,定期开展网片辅导工作。全区有 63 个单位参加网片组活动。1995 年,每个网片组增设兼职辅导员 1 人。

三、新世纪的教育改革与《幼儿园教育指导纲要(试行)》的尝试推行

(一) 新世纪的教育改革与省编教材的编写

21 世纪初,浙江省教育厅重新组织有关幼儿园课程的理论工作者和实践工作者,一起学习了国家教育部颁发的《幼儿园教育指导纲要(试行)》,研究讨论了幼儿园课程构建的基本理念,总结了幼儿园课程改革的经验,编写了《幼儿园课程指导》。它是浙江省多年来幼儿园课程改革在理论和实践领域研究、探索的成果呈现。《幼儿园课程指导》包括《教育活动设计》(分 2—6 岁四个年龄阶段上、下学期,共 8 册)、《教师资料手册》(包括《游戏》《语言文学》《音乐》《美术》《科学》,共 5 册)、《小朋友的书》和《家园互动》等四部分内容,并配以相应的教学挂图、音像资料等教育活动辅助材料,力求为各幼儿园构建课程体系和实施课程计划提供富有价值的指导和帮助。在编写中,努力体现为儿童终身的学习和发展作准备、注重社会要求与儿童需要兴趣的有机结合、以"主题"形式整合儿童的学习经验、以游戏为基本活动、社区—幼儿园—家庭的密切配合等教育理念,以真正落实新《纲要》的教育目标与教育精神。

(二)《幼儿园教育指导纲要(试行)》的实施

《幼儿园教育指导纲要(试行)》是国家《基础教育课程改革纲要(试行)》的有机组成部分,是对全国幼儿园教育进行宏观管理和指导的法规性文件,自 2001 年 9 月起在全国试行,并将在今后相当长的一段时间内指导我国幼儿教育改革的方向,对我国幼儿教育的改革乃至对整个基础

教育改革有着极其深远的意义。

浙江省把幼儿教育课程改革纳入全省课程改革规划,采取多种形式,贯彻落实新《纲要》。如通过会议、报刊、电视等多种形式和媒介进行了广泛的宣传,并在 2002 年 4—5 月举办了 3 期省级培训班,全省各市、县(市、区)幼教行政干部、教研员、省示范性幼儿园园长和骨干教师近 600 人参加了学习培训,各市、县(市、区)也相继举办了培训班、座谈会、研讨会,极大地调动了广大幼教工作者学习、实践《纲要》的积极性和教改热情,使广大幼教工作者提高认识,明确《纲要》的指导思想和基本要求,更新观念,积极参与到新的课程改革中去。再如使幼儿家长以及社会人士也能了解《纲要》,争取社会和家长的理解、支持与配合,为幼儿实施《纲要》营造了一个良好的社会氛围。《纲要》颁布至今,浙江省已完成了对《纲要》的全员通识培训,召开了实施《纲要》的实验工作会议,布置了全面实施纲要的工作部署,确定了 14 个县为单位的幼儿园教改试验区和 24 个实验园。同时要求示范性幼儿园模范贯彻《纲要》,依托教学辅导网络,带领各类幼儿园实施《纲要》。

1. 新《纲要》实施的主要内容

浙江省为贯彻落实新《纲要》,主要进行了主题教学的推广、区域活动的展开、托幼一体化的尝试等内容的幼儿园教育教学活动。第一,为克服分科教学割裂儿童整体发展的不足,浙江省进行了推广主题教学活动的幼儿园改革实践。主题教学活动是教师预成与生成相结合的活动,它是指在一段时间内围绕一个中心(即主题)来组织教育、教学活动。主题一般来源于儿童的生活,如围绕儿童自身的生活事件、社会生活事件、文学作品,或提炼一些现象、过程、原理等形成主题,设计教育、教学活动。[1]主题教学活动是综合教学的一种实践模式,它来源于儿童的经验与生活,内容一般涉及多个领域,理论上讲,与分科教学相比,更能帮助儿童感知整个世界,从而形成比较全面、生活化的经验。但在实践过程中由于师资素质的因素,也会有一些"新瓶装旧酒"的问题。有机整合各领域的内容既是主题教学活动推广的关键问题,也是幼儿园教师教育教学素质和能

---

[1]　虞莉莉主编:《幼儿园教育案例专题研究》,浙江大学出版社 2005 年版,第 62 页。

力的重要方面。第二,与集体活动相比,区域活动提供给孩子更多的个体活动空间,它关注孩子们各自活动的过程,尊重孩子的个体差异。在区域活动中,幼儿按照自己的兴趣和能力选择适合自己的活动,获得能力的发展和经验的提升。① 因此,浙江省把区域活动的展开作为实施新《纲要》的重要内容之一。在具体实践中,参考幼儿教育新纲要提出的幼儿学习活动的范畴划分为健康、社会、科学、语言、艺术等五个方面的提法,把区域活动分为与领域对应的五个大类,但分类不是绝对的,而是灵活对应的。第三,为贯彻幼儿教育新纲要推行早期教育的要求,浙江省积极进行托幼一体化的尝试。许多幼儿园举办招收 2 周岁幼儿入学的托班,举办多种形式的亲子活动,探索以幼儿园为主导的 0—3 周岁早期教育的新模式和新方法。许多城市社区尝试建立早教中心,以教育家长和提供活动环境与交流机会为主要途径,进行灵活多样的与家庭教育紧密结合的婴幼儿教育。

　　2. 新《纲要》实施的先进案例②

　　全省的幼教战线在以上方案的指导下,全力以赴,投入到《纲要》的实施中去,其中涌现了不少先进区域与先进案例。以杭州市西湖区为例,该区经济文化发达,是浙江省教育厅确定的实施《幼儿园教育指导纲要(试行)》的实验区。区内有 37 所幼儿园,其中省示范性幼儿园 7 所,市甲级幼儿园 14 所,市农村示范性幼儿园 7 所。近年来,西湖区教育局在认真分析区情的基础上,出台了《西湖区实施教育部〈幼儿园教育指导纲要(试行)〉方案》,制定了"确立龙头、建构网络"的实施《纲要》工作策略,在全面开展实验的基础上,点面结合,重点抓好教师培训及教育科学研究工作,并已初步显露出"教育理念先进、教师队伍优化、研究氛围浓厚、硬件设施一流"的区域性幼儿教育特色。西湖区充分发挥国家级实验园——北山幼儿园的示范园的作用,首批确定了 14 所重点实验园作为实验的"领头羊",要求其率先实验,发挥它们的指导与辐射作用。重点实验园分

---

　　① 虞莉莉主编:《幼儿园区角活动设计与指导》,浙江教育出版社 2001 年版,第 1 页。

　　② 该部分内容由虞莉莉提供一手资料。

别根据各自实际情况,制定了《纲要》实施方案,并正式启动了实验;分别制定了涵盖幼儿园课程、教育过程、教师成长、教育评价、家园社区协同教育的研究共5大块内容的14个课题方案,将《纲要》的精神落实到教育教学的实处。在实施《纲要》的实验工作中,依据区内已有的教研网络及各幼儿园的实际水平,建构实施《纲要》的体系,力求根据各园实际因地制宜、实事求是地展开不同层次的研究,把贯彻《纲要》的工作落实到每个幼儿园、每一个教师、每一个幼儿上。首先,根据各幼儿园的原有等级,将37所幼儿园设为纵向的三级实验网络,其中一级网络由省示范性幼儿园和甲级幼儿园组成,二级网络由乙级幼儿园组成,三级网络由丙级及无等级幼儿园组成。要求一级网络中的幼儿园率先实验,起核心示范作用,二、三级网络中的幼儿园同步参与实验,共同提高。其次,依据内已有的教研网络及地理位置将各幼儿园分成横的东、南、西、北四片研究网络,各片园所数目相当,片中均有上述三级网络中的成员,并由重点实验园园长担任组长。同时,教育局聘请了8位省、市幼教专家担任本次实验的顾问,采取集中和分片指导的方法,确保各片实验工作的顺利开展。最后,初步尝试建设"校园网",利用校园信息网络将纵、横两个实验网络合为一体,促进优质教育资源共享,增强宣传、交流、辐射的力度。

在重点实验园的引领和网络的支撑下,西湖区积极探索幼儿教师专业发展的有效举措及途径,通过"通识培训与专业培训相结合、上级培训与园内培训相结合、实施前培训与实施中培训相结合"的"三结合"培训模式,组织区内各级各类幼儿园的教职工认真学习《纲要》。他们采取"专家指导式""开放讨论式""自主参与式"等多种形式,紧密结合教育教学的工作实际,开展多元培训,提升教师素质。这些都为一大教师进一步树立正确的教育理念,提高专业技能和全面素质夯实了基础,也在一定层面上推广了已取得的成功经验,以示范性幼儿园为中心,健全幼儿园教育教学网络,全面提高了各类幼儿园的保育教育质量,全面提升了全区幼儿园办园水平。西湖区每年都要接待来自全国各地的幼教工作者观摩考察,先进的教育理念、高素质的教师队伍和高质量的教学活动得到了同行的赞誉。

第三节　幼儿师范教育的发展

一、改革开放后幼儿师范教育的恢复和发展

遭受十年"文革",教师队伍数量严重不足,文化素质大幅下降,办好和大力发展幼儿师范教育已迫在眉睫。1978 年 10 月,教育部发布了《关于加强和发展师范教育的意见》。① 针对中、小学的师资培养作出了指示,同时指出要积极办好幼儿师范学校,为幼儿教育培养骨干师资。在1980 年前,要做到每一个地区有一所幼儿师范学校,或在有条件的中等师范学校举办幼师班。原有学前教育专业的师范院校应积极办好这个专业,扩大招生名额,为各地培养幼师师资。这个文件对当时幼儿师范教育的恢复和发展产生了促进的作用。浙江省各地区随后依据各自的具体条件和需求,发展各种类型的幼师培训教育机构,除恢复定名浙江幼儿师范学校外,还开办了宁波幼儿师范学校和温州幼儿师范学校,并在有条件的师范学校举办幼师班。当时举办幼师班的中等师范有奉化师范、诸暨师范、温岭师范、金华师范等。这些师范学校为浙江省各地输送了大量合格的幼儿教师。

(一) 宁波幼儿师范学校的创办与发展

1969 年 8 月,宁波市第一工业技术学校根据宁波市革委会政工组要求改建为宁波市第十四中学。1982 年该校开办幼师职高班,1985 年开办幼师中专班。1988 年 5 月,宁波市第十四中学改建为宁波中等专业学校分校。1989 年 12 月,宁波中等专业学校分校改建为宁波幼儿师范学校。1991 年 1 月,幼师内设宁波幼儿教师培训中心,对在职幼儿园教师、园长进行培训,实行"两块牌子,一套班子"。

1995 年 5 月,为表彰香港实业家邵逸夫播惠桑梓、赤诚助教的精神,宁波市教委同意宁波幼儿师范学校更名为宁波邵逸夫艺术幼儿师范学

---

① 中国学前教育研究会编:《百年中国幼教》,教育科学出版社 2003 年版,第 112页。

校。除幼儿师范外,新开设普师音乐美术中师班,培养小学音美教师。1999 年 9 月,宁波邵逸夫艺术幼儿师范学校附属幼儿园(今宁波市中山艺术幼儿园)成立。

2000 年 7 月,宁波大学与宁波邵逸夫艺术幼儿师范学校签订合作办学协议书,从 2000 年起在宁波邵逸夫艺术幼儿师范学校设立宁波大学学前教育系与艺术教育系,宁波邵逸夫艺术幼儿师范学校原经费渠道不变,单独核算,人、财、物相对独立。宁波大学与宁波邵逸夫艺术幼儿师范学校有关领导组成合作办学领导小组,定期研究合作办学过程中的有关问题。

2001 年 7 月,宁波邵逸夫艺术幼儿师范学校与宁波师范学校合并组建为宁波大学师范学院初等教育分院,人、财、物由宁波市教委管理,教学业务接受宁波大学师范学院指导。2005 年 1 月,分院实质性并入宁波大学,改为基础教育学院,下设初等教育系、学前教育系、音乐系、美术系和公共理论部。

(二) 温州幼儿师范学校的创办与发展

1984 年,浙江省人民政府批准建立温州幼儿师范学校,规模为 12 个班,它是浙南唯一的一所以培养幼儿教师和学前教育管理、科研人员为目标的师范院校。建校时,借用平阳师范学校校舍和民办中学校舍,办学条件非常艰苦。但师生共同努力,克服种种困难,获得丰硕成果。学校十分重视学生的教育实习工作,成立教育实习领导小组,制订毕业生实习工作计划,分科进行,教务处还制定了教育实习工作细则、带队老师任务、实习园的指导任务、实习成绩评定等条例,内容具体,并要求严格执行。1989 年开始招收自费不包分配的学生,1991 年秋开始招收成人中专在职幼儿教师进修班,1993 年秋季建立了浙江幼儿师范学校函授站。

2000 年 1 月,温州幼儿师范学校与温州师范学院合并。2002 年 7 月,温州幼儿师范学校搬入温州学院路校区。2005 年,温州师范学院与温州大学合并,成立温州大学学前教育学院。2006 年 7 月,温州大学将所属初等教育科学学院、学前教育学院、初等教育学院合并称为教育学院,下设学前教育等系。

办学以来,学院(校)为全省培养了两千余名合格的幼儿教师,在职教师的学历函授达千余名,是浙江省教育厅授予的幼儿园园长培训基地,从1998 年开始,已举办七期园长岗位培训,受训学员千余人次。

二、幼儿师范学校教学计划的三次修正与实施①

1980 年 10 月,教育部颁布《幼儿师范学校教学计划(试行草案)》,规定幼儿师范学校的培养目标是培养合格的幼儿园教养员。幼儿师范学校招收初中毕业的女学生,修业年限为 3 年或 4 年。主要开设的课程有:政治、语文、数学、物理学、化学、生物学、历史、地理、外语、幼儿心理学、幼儿教育学、幼儿卫生学、语言及常识教学法、计算教学法、体育及体育教学法、美工及美工教学法、音乐及音乐教学法、舞蹈等。该《计划》指出,教育实习是幼儿师范学校专业教育的重要组成部分,通过教育实习使幼儿师范学生理论联系实际,培养他们具有从事幼儿教育工作的实际能力。教育实习包括参观、见习、毕业实习三种类型,并且保证一定的时间。此外还要组织学生参加一定时间的生产劳动。

1985 年 5 月,教育部在修订 1980 年《计划(试行草案)》的基础上,颁发了《幼儿师范学校教学计划》。该《计划》对原《计划》的课程作了调整,最主要的变化是缩减了总教学时数,减少理化课的课时(比原《计划》减少一半),教育课的课时稍有增加,艺体课的课时稍有减少。同时,增设幼教史等选修课,延长教育实习的时间。为适应幼儿园分科教学的需要,"幼儿常识教学法"与"幼儿语言教学法"分离成为两门课程,形成幼教界常说的"三学六法"的专业课结构。为使《计划》更为适应各地区的实际情况,《计划》还指出,省、自治区和直辖市教育厅可根据本地区实际情况对教学计划可作适当调整,允许有条件、有基础的学校可自行拟定教学计划、进行教学改革。这是新中国成立以来教育部首次对中等幼儿师范学校的课程设置放权。

1995 年 1 月,国家教委根据新的形势与教育改革的需求,制定颁布了《三年制中等幼儿师范学校教学方案(试行)》。该《方案》将幼儿师范培

---

① 中国学前教育研究会编:《百年中国幼教》,教育科学出版社 2003 年版,第 113—116 页。

养目标改述为培养幼儿园教师,且规定全面而详细。课程设置比以前有很大进步,规定课程由必修课、选修课、教育实践和课外活动组成,调整了各部分课程的比例,确定了选修课在课程中的地位,且种类丰富。对必修课进行了重要的调整与改革,使教育类课程由过去的"三学六法"调整为"幼儿卫生保育教程"、"幼儿心理学"、"幼儿教育概论"和"幼儿园教育活动的设计与指导"四门课程。其中"六法"综合为一课,变化最大,是为适应幼儿园教育由分科教学逐步过渡到综合教育的实际需要而作出改革的。

1978年后,浙江幼儿师范学校进行了一系列恢复发展与规范工作。在教学上,重新起草、修订幼教普通班教学计划,拟定各科教学大纲与教学进度,恢复教研组教学活动,制订教师备课基本要求,加强集体备课制度,拟定《学生学籍管理制度暂行规定》。在整顿校风、校纪基础上制定《幼师学生守则》《三好学生、优秀团员评选条件和办法》《学生考勤》等规章制度,加强了对学生的思想品德教育和生活管理。组织师生下乡、下厂(赴宁波、嘉兴、绍兴等地区、市、县)开门办学和进行各项教学实践活动。经过几年努力,学校各方面的工作得到调整恢复,一个安定的促进教学顺利发展的良好环境逐步形成。1981年,该校被确定为省重点师范学校。1981—1983年,综合大楼(包括音乐、舞蹈、健身房、培训班学员宿舍)、大礼堂兼食堂相继落成,一批教学设备和资料,如钢琴、风琴、电视机、录像机、教学仪器、图书等得到添置。教学上认真执行《幼儿师范学校教学计划(试行草案)》,重组自然教研组,恢复理、化、生教学,新组舞蹈教研组,并开展多种形式的教学教研活动,努力保证和提高教学质量。1985年,学校全面贯彻修订后的《教学计划》,学校组织教师开展了大讨论,印发了新中国成立后历次颁布的教学计划,并结合本校实际提出了"适当调整、突出重点、照顾专业、减轻负担"的执行意见报上级核准,制定了各年段的过渡计划。从1989年起开设幼儿教育史、家庭教育、歌曲创作等选修课,将劳技课列入正式课程。1990年在调研基础上成立了幼儿师范课程改革探讨小组。1985—1992年先后编写出版《共产主义道德概论》《文选与习作》《普通话常用词语》《幼儿文学教程》以及与他校联合编写的《幼儿心理学》《幼儿舞蹈》等教材。1995年第三次修正的中师教学计划颁布后,学校贯彻计划精神,将"六法"综合为一课,开设"幼儿园教育活动的设计与指导"课,每周 6 课时。并加大选修课的范围,丰富选修课的种类。浙江省 20 世纪 80 年代建立起来的宁波幼儿师范学校与温州幼儿师范学校也积极领会教育部颁布的教学计划精神,学习浙江幼师多年办学的经验,在贯彻教学计划的同时也逐渐拥有自己的特色。①

三、职业高中幼师班的举办

20 世纪 80 年代,在职高教育得到较大发展的大背景下,因幼儿教育事业发展迅速,师资十分缺乏,尤其是大量农村幼儿园和民办幼儿园几乎无法分配到正规师范毕业生,一种新型的幼儿教师培训机构——职业高中幼师班应运而生。职业高中幼师班招收初中毕业生,经过 2—3 年的职高专业学习,毕业后不包分配,自谋出路。虽然职高毕业生无法与幼师生竞争,但在幼师一直没有满足迅速发展的幼儿教育对师资的需求的情况下,不失为幼师师资的补充和较低水平幼儿园的师资重要来源。1988 年,《国家教委关于进一步办好职业高中幼师专业的意见》②颁发,指出职业高中幼师专业的任务是为幼儿教育事业培养合格的师资,既可以培养新教师,也可以培训在职教师。它的培养目标和规格要求应与普通幼儿师范学校相同。教学计划和课程设置,应参照幼儿师范三年制教学计划编制。要把思想品德和政治教育、职业道德和职业纪律教育渗透到整个培养过程中。文化课要从幼教专业特点和需要出发。专业课要加强,要着重职业技能训练。根据需要可以开设幼儿园行政管理知识选修课或讲座。政治、文化课和专业、实习课的比重原则上为 5:5 或 4:6。同时指出,职高幼师专业应拥有相应的设备和教学条件;要加强见习、实习基地的建设和师资队伍的建设;要改善招生办法和妥善安置毕业生,并加强对职高幼师专业的领导。该《意见》规范和促进了职高幼师专业的发展。

浙江省改革开放后,民办幼儿园得到较大发展。职业高中幼师班一

---

① 《浙江师范大学杭州幼儿师范学院建院五十周年纪念册》,2003 年内部发行。

② 中国学前教育研究会编:《百年中国幼教》,教育科学出版社 2003 年版,第 116—117 页。

直是民办幼儿园师资的主要来源,为民办幼儿园与农村幼儿园的发展作出了贡献。据浙江省民办幼儿园发展课题组 2002 年统计,约一半的民办幼儿园师资来自于职高幼师班。关于职高幼师班的办学质量,有一个具体的发展过程。在 20 世纪 80 年代开办初期,由于幼儿教师的待遇较稳定,毕业分配有一定的就业市场,在招生中能吸引良好的生源。而且,浙江省初期开办的职业高中往往由教育局统一定点部署,教学条件与师资都有一定的配备,所以教育质量也有一定保证。其中办得比较好的有杭州的人民中学幼师班等。但是 90 年代中期以后,由于幼儿教师学历要求的提高,由中专升为大专,幼师大专班的招生及连年扩招等原因,职高幼师班的生源与质量都有所下降,但依然是大量新增民办幼儿园与农村幼儿园的主要师资来源。据浙江省民办幼儿园课题组 2004 年统计,在浙江省 32259 名民办幼儿园教师中,职高学历者 13695 名,占总人数的 42.5%。因此,要全面提高幼教质量,促进农村、民办幼儿园的均衡发展,提高和改善师资质量是关键所在。

四、高等幼儿师范教育的发展

自 1985 年上海幼儿师范学校升格为上海幼儿师范高等专科学校以来,浙江省多所院校也进行了举办高等幼儿师范教育的尝试,有大学开办,也有幼师升格举办,积累了一些成功的经验,也得到了一些失败的教训。但总的来说,20 世纪 90 年代以来,浙江省的高等幼儿师范教育获得了长足的发展。

(一) 杭州大学教育系本科学前教育专门化方向的开设

由于对幼儿园教师的文化素质和学历要求不断提高,而浙江省尚没有设置高等幼儿师范教育,杭州大学教育系于 1987 年在本科学校教育专业中开设学前教育专门化方向,尝试培养本科学历的幼儿师范学校的教育学师资和具有一定研究能力的幼儿园师资。1987 年和 1988 年各招生一个班,共 50 人。因缺乏师资,学校选派了年轻教师顾丽敏到南京师范大学进修学前教育课程。

该校设置的主要课程有:教育学、心理学、中外教育史、教育心理学、教育概率与统计、社会心理学、学前教育学、学前心理学、学前卫生学、教育管理、学前教育史、儿童发展心理学、幼儿园各科教学法(音乐、美术、语言、数学四门)、人体解剖生理学、教育实习(含幼儿园实习与中师实习)等。但是,由于师资力量不足,毕业生分配渠道不畅,幼儿师范师资需求少,而真正愿下幼儿园的学生几乎没有,所以,此方向只招收了这两届学生,1989年即停止招生了。在毕业的学生中至今在从事与幼儿教育专业有关的工作的也不过寥寥几位。

(二) 浙江师范大学专科学前教育专业的开设

浙江师范大学于1988年被批准设立高中起点专科学前教育专业,招收高中毕业生,培养具有大学专科学历的幼儿园一线教师。1988年和1989年两年间办过一些短训班。1990年开始招生,1995年起停止招生。1990年招的是为期几个月的在职教师、园长短训班。1991年招全日制专科,但由于入学人数少,实际正式开班是从1992年开始的。1992年和1993年招收的是两年制专科,1994年招收的是三年制专科。

该校主要课程设置有:学前教育学、学前心理学、学前卫生学、幼儿园组织与管理、学前教育史、儿童发展心理学、幼儿园各科教学法(音乐、美术、语言、数学四科)、教育心理学、教育概论、人体解剖生理学、幼儿园教育实习等。但由于当时大专生很少愿意下幼儿园当教师,幼儿园对大专学历师资的要求也不迫切,因此,该专业开设时间不长即停招了,一部分毕业生去小学任教,一部分到幼儿园任教的学生现在已有一些成为幼儿园教学骨干力量。

(三) 浙江幼儿师范学校专科学前教育专业的开设[①]

浙江幼儿师范学校于1993年设立专科学前教育专业,招收优秀幼师毕业生,培养具有大学专科学历的幼儿园一线教师。是年招收了学前教育专业2个班80名大专学生,首届大专生的招生对象为学前教育专业三年制中专应届优秀毕业生,大专阶段的学制为2年,这就是专科"三二分段模式"。1998年,经教育厅批准,该模式的招生对象还向职业高中的幼师班开放。到2002年,"三二分段模式"的大专学生发展到每届近7个班。

---

① 《浙江师范大学杭州幼儿师范学院建院五十周年纪念册》,2003年内部发行。

为适应办学层次提高的需要，从 1993 年起，学校先后聘任南京师范大学、北京师范大学、华东师范大学、杭州大学等高校的教授担任大专专业主干课程的教学，并担任学校相关专业教师的课程教学导师；同时不断加强本校师资队伍建设，提高教师学历与水平。为进一步提高大专学生的专业能力，学校投入大量精力进行教学计划、教育实践、"三二"衔接等问题的研讨。1993 年 12 月，学校组织大专学生对杭州市幼儿园办园条件改善情况进行调查。1994 年暑期，大专学生回家乡进行幼儿园教育调查。

1998 年，学校开始专科学前教育专业"五年一贯制模式"的试验。招生对象为初中毕业生，学制 5 年，毕业时授予大专文凭。到 2002 年，五年制大专已发展到了在校生 10 个班 400 名的规模。2000 年，学校开始与其他学校进行五年制大专联合办学的试验，即在教学点先学习 3 年，主要完成高中段的教育和打下专业技能的基础，然后在本部学习 2 年，完成专科段的专业教育。当年，经省教育厅师范处同意，在富阳教师进修学校和杭州人民职业学校设立教学点。此后，又陆续在嘉兴学院桐乡分院、金华人文师范学院、绍兴文理学院上虞分院、丽水师范专科学校松阳校区、定海职业学校、长兴教师进修学院等院校设立 6 个教学点，开展五年制大专生的联合培养。幼师招男生一直是全国幼教界的盲区。2000 年秋，学校首开先河，第一次"批量"招 23 名男生进入专科学前教育专业学习。

（四）浙江师范大学杭州幼儿师范学院本科学前教育专业的开设

2000 年 4 月，浙江省教育厅下发了《关于浙江幼儿师范学校与浙江师范大学联合办学的通知》，撤销浙江幼儿师范学校建制，成立浙江师范大学杭州幼儿师范学院。2001 年 7 月，浙江省教育厅、浙江省计委联合下发《关于浙江师范大学杭州幼儿师范学院并入浙江师范大学的通知》，决定浙江师范大学杭州幼儿师范学院并入浙江师范大学，成为浙江师范大学杭州校区。2002 年秋，学院开设四年制本科学前教育专业，招收高中毕业生，培养具有大学本科学历的幼儿园一线教师。是年招生 2 个班 80 人，之后每年招收 2 个班。为制订学前教育专业四年制本科教学计划，学院成立了以分管院长为组长的课题组，组织力量对幼教第一线的师资情况进行调研，广泛听取毕业生、幼儿园园长对幼教师资培养的前瞻性意见。2002 年春，本科教学计划初稿在院内公示，全院教师参与讨论，并开展课程开设可行性的论证活动和主讲教师的竞聘活动。2002 年 10 月,学院邀请华东师范大学、南京师范大学、浙江大学、省教育厅、中国学前教育研究会的有关领导和学院本科教学计划课题组的全体成员及学院各教研组组长召开本科教学计划论证会。在学院全体教师的精心培养下,如今第一届本科生已走向工作岗位,活跃在浙江、上海等地的幼教一线。

五、短期培训与职后培训的加强①

改革开放后,随着幼儿教育事业迈上新的台阶,浙江省全面加强在职幼教师资培训工作。针对幼教师资成分较复杂和总体水平偏低的情况,浙江省于 20 世纪 80 年代初在省级层次委托浙江幼儿师范学校进行多种类型的幼儿教师职后培训,如举办幼儿园园主任培训班等。至 1983 年,学校通过多种途径,已对全省城市和县镇幼儿园 70% 以上未受过专业系统教育的幼儿教师进行了培训。还在各县推广建立健全县、区、乡三级辅导网络,通过开办业余幼儿师范学校,成立市县幼教教研组开展教研活动,选派优秀教师去北京、上海、杭州等地师范学校举办的培训班学习等办法加强幼儿教师职后培训。1987 年结合幼儿教师职务的评审和聘任工作,对未达到学历要求的教师进行教材教法专业合格证书考试。20 世纪 90 年代后采用长期与短期、学历与非学历、全科与单科、脱产与不脱产等方法,采取培训班、进修班、学习班、辅导班、讲习班、研讨班等形式,对幼儿园园长、教师、保育员等各层次师资进行培训,以全面提高教师队伍的基本文化素质、学历和能力。

为进一步加强师资职后培训,1993 年秋,省教育厅在浙江幼儿师范学校设立浙江省幼儿师资培训中心,全面开展全省幼儿教师的学历补偿教育。此后,大规模面向全省的函授教育全面铺开,职后培训形式更多样,成效更显著。职后培训包括了幼儿园教师的学历合格教育、专业补偿教育、专业更新提高教育等,培训形式有函授、大专自考助学、短期和长期脱产进修以及专题讲习班、研讨班等。自 1993 年全面铺开中专函授教育,至 2002 年结束,共有 4000 多名函授生毕业,大大提高了全省幼儿教师的

① 《浙江师范大学杭州幼儿师范学院建院五十周年纪念册》,2003 年内部发行。

合格率。1996年,开设学前教育专业大专自考助学。2002年,学前教育专业本科函授和研究生课程班开设,其中本科函授规模逐年扩大,教育硕士也于2006年招收幼教管理方向的学生。1997年,根据国家教委《关于颁发〈全国幼儿园园长任职资格、职责和岗位要求(试行)〉的通知》和《关于开展幼儿园园长岗位培训工作的意见》的文件精神,省教育厅对全省开展幼儿园园长岗位培训工作的要求、内容、措施等作了具体部署,在浙江幼儿师范学校设立浙江省幼儿园园长培训中心,并在全省11个市建立了幼儿园园长培训基地,健全培训网络,把幼儿园园长和教师的培训工作纳入中小学校长和教师培训工作的体系中。至2002年,全省已基本完成幼儿园园长第一轮240学时的上岗培训工作。至2003年,共进行了8期园长培训班,有1000余名示范性或甲级幼儿园的园长受到培训,占全省此类幼儿园的90%左右。一些地区也纷纷开展了幼儿园园长提高培训的工作。2003年,省教育厅又印发了《关于做好全省幼儿教师继续教育工作的意见》,对全省开展幼儿园教师继续教育工作作了全面部署,各级教育行政部门纷纷将幼儿园教师的继续教育列入师资队伍建设的整体工作中。各地通过组织学前教育研讨班、特级教师讲习班、幼儿园教育活动观摩、幼儿园园本课程培训等丰富多彩的活动,不断提高幼儿园教师的专业水平。目前,幼儿园骨干教师培训、教师岗位培训和新教师试用期培训已在各地陆续展开,全省幼儿教育师资培训的基地和网络已基本形成。

在加强幼儿园教师队伍建设的同时,浙江省还十分注重托幼机构保育员队伍的建设,不断完善保育员的培训和考核工作。根据省卫生厅等四部门联合印发的《浙江省托幼园所保育员上岗培训管理办法》,全省实行了幼儿园保育员上岗培训制度,并定期对在职保育员实行轮训。1995年,省劳动厅又制定了《浙江省幼儿园保育员技术等级标准》,对保育员素质能力作了具体要求,并开展了培训和考核,从而提高了保育员队伍的整体素质。

六、幼儿教师学历层次与待遇的变化

随着幼儿教育事业的迅速发展,幼儿教师学历层次要求不断提高,待遇也随社会形式的变化而变化。

（一）学历层次的提高与待遇的变化

我国20世纪80年代幼儿教师的学历要求是中专毕业,90年代开始推进"三二分段"和五年一贯制的大专学历教育,希望用10年左右时间普及大专并向本科学历目标过渡,到2020年达到本科化,并有部分研究生成为幼教师资队伍的骨干力量。浙江省正在推进的高等教育大众化进程和幼儿教师供需矛盾缓解,为教师学历层次的提升提供了可能性与发展机遇,自1993年浙江幼儿师范学校招收大专生,特别是1999年浙江停止中专层次的幼师专业招生,将中师全部转为招收五年制大专生后,幼师大专学历教育蓬勃发展。随着浙江幼儿师范学校合并升格为浙江师范大学杭州幼儿师范学院,宁波幼儿师范学校合并入宁波大学,温州幼儿师范学校合并入温州大学,大专学历教育已成为幼儿教师职前教育的主要形式,浙江省教育厅提出的教师学历提高阶段目标是2005年实现新任教师学历大专化。与此同时,本科及以上学历教育也获得发展。浙江师范大学杭州幼儿师范学院与杭州师范学院初等教育学院于2002年举办四年制本科学前教育专业,培养服务一线的幼儿园教师;2005年浙江师范大学杭州幼儿师范学院学前教育专业硕士点获得批准,于2007年正式招生。而且,浙江省在提高幼儿园新教师学历层次的同时,较大规模地开展了在职幼儿园教师的学历函授教育。自20世纪80年代起,全面启动了自考和函授等形式的中专、大专、本科各层次的职后学历教育,着力提高在职幼儿园教师的学历层次。根据国家《教师法》规定,幼儿教师的合格学历为中专层次,至2006年,全省有幼儿园教师49000余人,学历合格率超过了90%。其中700余人取得了本科学历,主要分布于杭州、宁波、温州、金华等城市;11000余人取得了专科学历。一部分幼儿园教师已经或正在研修学前教育专业研究生课程,攻读教育管理专业的教育硕士学位。

当然,我们也应注意到在提升的层次、提升的速度上要坚持实事求是的原则,具体问题具体分析;要从当地经济社会发展的实际出发,充分考虑实际社会需求,允许存在专业人才的层次性和各地区学前教育发展的不平衡性;并且在提高学历层次的同时,给予相应的配套措施保证培养的人才得到社会承认,发挥应有的作用。我国幼儿教师在20世纪80年代后,出现了职业高中的学历层次,由于培养机构层次要求较低,数量多,培养的教师数量十分庞大且质量参差不齐。另一方面,由于幼儿园体制改革和政府对民办幼儿园的扶持,浙江省的民办幼儿园数量快速增长,据2001年教育厅统计,民办幼儿园数已达9537所,占总园数12501所的76.3%;民办幼儿园学生数629772人,占总学生数的54.8%。民办幼儿园的兴办,贯彻了"两条腿走路"的方针,缓解了国家教育经费紧缺的状况。但在具体的实施过程中,也存在教师任用资格降低、待遇降低、保障体系不完善、继续教育缺乏等一系列师资队伍建设问题。由此带来的负面影响是幼儿教师的职业吸引力大大降低,难以吸引和稳定高素质人员从业,客观上不利于幼儿教师学历层次的提高。从以上全省统计可见,教师学历高中阶段及以下毕业约占3/4,比例很大。由此可见,中专与职高学历层次的教师目前还是浙江省幼儿教师的主体。在目前或今后一段时间内,幼儿教师的学历层次仍将呈现高中或中专、大专、本科、硕士等多层次结合的特点。

关于幼儿教师的待遇,20世纪80年代以前一直与小学教师基本相同。但80年代后,由于职高层次教师的大量涌现和民办幼儿园的迅速发展,特别是90年代中期以后,一些幼儿园的改制使幼儿教师编制处于停滞状态甚至减少,许多幼儿园实施聘任制录用教师,致使许多幼儿教师的实际待遇降低,幼儿教师队伍建设受到影响。不过,这种情况已引起政府与教育部门的重视,现已有一些地区为增加幼儿教师编制作出努力,特别是农村乡镇中心幼儿园的骨干教师编制增加较为明显。

(二) 特级教师的选评

特级教师是优秀教师的代表,是师德的表率、育人的模范、教育教学的专家。特级教师的选评代表了浙江省幼儿教师的水平和地位得到了显著的提高。1986年,省政府批准公布第一批幼儿园特级教师2名——朱静怡和叶爱华。后于1998年和2005年两次选评,增加到15名,她们是朱丽丽、王丽烽、林佩芬、陈家行、王芳、杨蓉、刘小倩等。

为了进一步发挥特级教师在广大教师中的激励、示范、辐射、导向作用,省教育厅组织特级教师讲师团送教下乡,赴金华、衢州、丽水、温州、台州等市(地)的经济不发达县示范教学,效果很好,受到各地欢迎。省教委教研室结合年度教研活动,组织邀请特级教师"传经送宝",促进教师整体教研水平和教育质量的提高。与此同时,各级教育行政部门还加强对特级教师的考核和管理,对在职特级教师进行年度考核,建立业务档案,充分发挥他们在当地幼儿园的模范带头作用,切实搞好"传、帮、带"。

在这些特级教师中,朱静怡的成长与发展的经历具有代表性,沿着她的人生足迹和幼教经历可以看到浙江幼教事业的几个发展阶段,而这其中也许蕴涵着中国幼教事业近 50 年的变迁历程。因此,笔者忠实录入了她的简历性自传,以便让后来的幼教人不断地学习、继承与发扬。此外,笔者还收录了朱丽丽、王芳两位具有代表性的特级教师的自传和简介,希望更多的幼教人从她们的成长经历和教学经验中获取滋养。

朱静怡——

我 1963 年毕业于杭州幼儿师范学校(今浙江师范大学杭州幼儿师范学院),那年我 16 周岁,虽说稚气未脱,但因深受雷锋"干一行,爱一行,专一行"精神的影响,很自然地萌生出将幼儿教育作为终身事业的志向。

我是当时的幸运儿,那时中国幼教发展正处于低潮,虽说幼儿园里未受专业教育的教师很多,但教师名额已处在饱和状态,使许多同学毕业后转为小学教师,甚至进入与教育无关的单位工作。

湖州第一幼儿园是湖州市的重点幼儿园,曾在 20 世纪 60 年代初被评为全国先进单位,那里有一位湖州幼儿教育的权威人物——20 世纪 50 年代到北京师范大学进修过一年的叶励君园长。她的权威来自于她大度、勤奋、友善的为人和以园为家、终身未嫁的人生。我今天对幼教工作的种种认知和行为都源于她的影响,她是我的人生偶像。如今她虽已离我们而去,但她对湖州幼儿教育的贡献却永远留存。

不知不觉,我已步入了老年,沿着我的人生足迹大致可以将自己的幼教经历分为几个阶段,而这其中也许蕴涵着中国幼教事业近 50 年的变迁历程。

毕业时我所在的湖州镇是嘉兴地区的行政中心所在地,镇上人口不到 10 万,所谓大的幼儿园(6 班以上)有 7 所,附设于小学的幼儿园有 5 所,还有 2 所民办幼儿园,即便这样,幼儿教育还是无法满足所有孩子的需要。当时幼儿入园的条件中有一条硬杠——母亲没工作的幼儿不能入园,产业工人和解放军的子女优先入园。这自然提升了幼儿教育在社会上的地位,也表明了教育为社会服务的方向。我们的编制和待遇与小学教师同等,因这些外显的条件,让我一开始就有了幼儿教师的自信和自尊,余下的就是自强了。自强是内因,自强必须以虚心学习为先。当初的学习可以说就是拜老教师为师,当然没有什么正规的拜师仪式,但在年轻教师心中,老教师就是自己的师父。那个时代看别人长处多,看自己短处多,与今天宣扬自我为自信相比可谓反差甚大。

我从老教师的工作中看到什么叫幼儿的一日生活。那时候我所在的幼儿园是以上课为重,但不是上课为主,上课之外还有游戏。最让人感动的是在我们进园前,我们幼儿园的自制玩具在 20 世纪 60 年代就已进北京参加幼儿园教玩具展览,据说还获了奖。尤其是校工"兴隆伯伯"做的"娃娃家"用的竹家具、用毛竹筒制作的炉灶、用白铁皮敲制的锅和铲等炊具,精细、逼真,如今我还印象深刻。杖偶、布偶都出自老教师之手,我的缝衣本领就是在幼儿园的缝纫机上练出来的,用瓶盖代替碗等方法都是由老教师相传而获。

大概是小城镇的缘故,带孩子参观比较方便,如秋天看稻田,捡稻穗,参观碾米厂等等,是每年随季节而设的课程内容,它让我和幼儿一起获取许多真实的社会经验。事实证明,我们湖州的幼儿教育有陈鹤琴、陶行知先生的"生活中学、自然环境中学"的精神,也有苏联幼教中重"创造性游戏"(角色游戏)的理念。以今天的教育理念反思以前幼教中的不足,可得出以下结论:幼儿认知过程中视觉多于感官,教师对幼儿的控制多于幼儿自主学习。幼儿的课程安排有小学的特征,一周几节课、什么课都有非常清楚的规定,限制了教师的创造性、变通性的发挥,也制约了幼儿需要的及时应答。教师专业成长表现在政治思想学习多于业务学习，业务学习主要是教育事实介绍和凭教师经验互相提示，没有现在这样的理论学习的意识和学习机会。

正因为教师在那种以政治思想教育为主的情况下，让我们自发自觉地树立起为家长服务的意识，发出"幼儿教育为无产阶级政治服务，为解放妇女劳动力服务"的口号。那时湖州幼儿园编制很紧，一人带一班，一个幼儿园最多一个任课教师。一般情况下包班教育。我为此有了教各门学科的经历，迫使我在分科教育一统天下的情况下，学会结合各学科教育的经验，自然地进行教育内容相互联系的尝试，为我以后有序地进行课程改革试验奠定了基础。

"文化大革命"时期，整个中国的教育体制都打乱了，这是事实，但乱的程度是有差别的。以一个地区而言，湖州的幼教从50年代初就有办园的基础，幼儿一日生活教育的基本程序变化不大，只是教育质量上的弱化，内容上的畸形，如幼儿教育中毛泽东语录的加入，"批林批孔"类的儿歌教育等等的充塞。"文化大革命"中比较注重幼儿"德育"教育，当时"德育"中最强调"爱劳动人民，爱公共财物"等等，现在看起来这些还是需要的。我所在的湖州第一幼儿园，在全市幼儿园暂停幼儿中餐的情况下还是坚持为上班家长办中餐，如今想起来也可笑，不知是为什么。我们这样独树一帜，是因为幼儿园的园风，还是人性深处的良心？不管如何，我为此而感到欣慰。

我们在70年代创作了《小小一粒米》等幼儿歌舞，得了小学幼儿园创编一等奖。如今我们的孩子缺少的就是"爱物教育""爱劳动教育"。以我之见，教育宏观上取决于大环境，微观上则主要依靠教师自身人性的体现，因为在那样的年代是无教育秩序可言的。我有一位在农村教小学的亲戚来我家，看我在备课，显得很惊讶："幼儿园要备课呀？""现在你们还备课啊？"无论是从大局上说，还是从教师自身利益上说，备课都是教师工作的一部分。80年代，我还作了一首叫《家访》的小诗，刊登在《湖州日报》上。我把个人与教育成效的一切归置于教师自身的认知上，所以我为自己一生从事幼教而感到快乐。粉碎"四人帮"后，祖国处处有春意。幼儿教育的回暖显得格外明显，因为它有"独生子女"政策的强力支撑，无论是在客观上还是主观上，人们都开始对"独生子女"入幼儿园接受早期教育有了新的认知。湖州幼儿教育因前面所述的状态，复苏比较快，因它无须重新建立而只需稍加调整即可。从外部环境而言，乡下知青返城，孩子日益增多，扩大幼儿园和新添幼儿园成了当务之急。我们那时有位女市长叫袁世鸣，她的大力主张促使市委做出了凡有 600 名女工以上的工厂必须自办幼儿园的政策，便一下子有了达昌绸厂幼儿园、湖州商业局幼儿园等 8 所单位办的幼儿园。据当时统计，湖州城区的幼儿入园率在 90% 以上，并以划分教区和派公办园教师相助的方式让那些新办的幼儿园在社会上很快被家长认可。

我们公办幼儿园主要的任务是提高教育质量，为新办园作示范。此时城区周围的乡村在妇联的支持下办起了大大小小的幼儿园和幼儿班，我们有责任和义务为他们举办各种公开课和讲座。这种种任务，让我意识到仅凭自己在实践中获得经验和通过看报纸和杂志上的零星文章来积累知识显得单薄，进行系统的理论学习势在必行。1984 年获悉北京心理研究所举办暑期儿教心理学讲习班时，我兴奋不已。在无法征得区教育局同意的情况下，我自筹经费进京，向北京同学借宿，每天早出晚归坚持一个月的学习，这一个月让我知道什么是教育新理念。讲习班课程是以《普通心理学》为起始，有思维、游戏、玩具，最后是查子秀老师讲的超常儿童研究……从那时起，我的幼教生涯有了质的飞跃。

凭借我读幼师时做笔记的功夫，在学习班上一天能做 10 页的笔记，并在听讲时自然地与讲课老师作心灵的交流，及时用自己工作中的事例对教师所讲的理论进行验证，这时候的学习是一个有工作经历的学生最有效、最快乐的学习。回来后，我主动把自己的学习所获一一传递给我的同事,一来让他们和我的认知共鸣、共识,二来我可以像反刍动物的消化方式那样再一次进行消化性学习以提升这次学习的价值,让学习真正为教育实践服务。此时,我心灵深处已产生了争做高层次理论专家和一线教师之间桥梁的愿望。可以说我以后的每一步都下意识地朝自己的既定方向迈进。1984 年,我被推荐为省第三批特级教师。1985 年,我申报了"幼儿园课程设置改革"的省级课题,在首次省教科所主办的天目山科研培训会议上,我知道了什么叫科研,科研的必备条件是什么,科研的最终目的是什么,科研过程的注意点,等等。从那时起,"求真务实"的科研意识深深根植于我的教育实践之中。

由此,幼儿园课程研究成了我后半辈子的行动和收获。不过当时有很多人为我担心———个幼儿园基层教师要做幼儿园课程研究是否课题太大,甚至省科研所的吴老师直接向我建议"课题宜小不宜大"。我马上回答:"课题太小,改变不了幼儿教育的现状。"我根据课题规则邀请浙幼师心理学老师张华立为课题组的指导老师。她让我从心理学的基点上俯视幼儿教育,俯视幼儿园课程。虽说现在的幼儿园能力课程实施初期是从幼儿园原课程表不能适应幼儿发展的视点上入手的,但思考的基点是幼儿的整体发展。第一期的课程目标明确提出幼儿的智力因素和非智力因素同时进步。在那时广大家长已向我提及"我的孩子还算聪明,但脾气很坏……",这朴素的民间语言实际上已构成幼儿智力因素与非智力因素不协调的画卷。面临改革开放全面实施的时代背景,教育为谁培养人、培养什么人的古老问题又一次摆在大家面前。古老问题在幼儿教育里的新价值应是什么,是社会需要为本,还是追随幼儿需要为本,对需要是绝对认知还是相对认知,如何调整两者的关系,这些都是课题的研究要点。

第一轮用行动实验法,启用了对比班,用数据来回应自己和同伴,感受什么叫科研,为课程目标、内容、措施、评价四大块奠基。

第二轮从一个实验班到同年龄段三个班一起实行新的课程方案,并在三年中逐年扩展直至全园,其重点是细化课程的三级目标、调适课程内容,让执行者心中有目标,操作有材料,评判有依据。

第三轮在全园教师同时参与的情况下,由各年龄段为单位进入课程实施方法的研究,包括教师配置、家园共育、一日活动安排、教学活动结构研究。

第四轮是在1995年后,重在反思细化课程的整体结构是否相互有序的作用。重点移至课程评价研究,变长期以来对幼儿发展状况评价牵归为教师教学单一因素的认知,为幼儿发展状况是评价的切入口,是有形或外显的评价过程。虽说评价幼儿仍是重要的一步,但这仅仅是一个方面,关键是让教师知道评价最终是验证课程的实际价值。这样能消退教师的顾忌,有利于评价认知的统一和评价者力量的凝聚。后来的年月里,我在完善课程的同时,带领大家为原本课程补缺,并且派生出许多省市级专向课题,如省级课题"幼儿园想象化实验"等,给了自己不断完善的使命和行动。

做课题过程中让我获得人生最大的快乐是身边有一群志同道合的朋友。我能坚持全靠他们的响应、参与和支持,所以我在一篇文章中说过"人生最大的快乐是学会吸纳和释放",吸纳也好,释放也罢,都要靠朋友。所以,我看重朋友。最近几年里,我从一线实践的岗位上退下来,更多地实现自己释放的愿望,把我四十多年的经验毫无保留地传递给从事幼教工作的人,让他们得以借鉴,也许可以让他们避免走一些弯路。当然,我们之间的作用是相互的,在我智慧之光快要熄灭之际,仍然有许多年轻的同伴会在不同的地方、从不同的角度向我询问,我要即刻间调动智慧,取用记忆库中的事例,给予相应的回答。与其说是我给予他们,还不如说是他们在给予我。所以,我格外珍惜和年轻人相处的时光。

做课题过程中让我真正了解到幼儿的需要。我在80年代就敢于带幼儿到大自然去自由观察,并鼓励他们用身体的多种感官去观察和感受。如,让幼儿自带挖泥工具,以小组为单位,去寻找蚯蚓的家;让幼儿用小手去抚摸蚯蚓,了解它身上有形和无形的特征,如身体上的黏液。并从幼儿感觉出发,启发幼儿质疑,鼓励幼儿互相交流,在幼儿表示需要教师帮助时,我大胆运用形象化的语言——"蚯蚓身上有肉眼看不到的像钢铁一样硬的毛,她可扎入泥壁,不让人抓走……"——向幼儿形象地传授蚯蚓身上有钢毛的知识,使幼儿在学习中亲身感受知识,同时产生好奇心和求知欲望。我一直坚持在教育活动中应体现幼儿学习的自主性和教师对幼儿的启发性。我认为每个幼儿的学习都需要自己努力,同时也要有老师的帮助。教师的教必须建立在幼儿的需要上,这样的教才是新《纲要》中提到的——教师是"合作者、支持者、引导者",才是真正意义上的互动。

做课题过程中让我认识到理论的价值。没有较早的理论学习就不会有后来课题的顺利进行。有一部电视剧的主人公说过:"人生如大树,学习好比树根,只有不断地汲取养分,大树才能长得茂盛。"用现在的流行话语表达就是"人要终身学习"。我在这方面算尝到了甜头。1987年,我参加了中科院北京心理研究所举办的"儿教心理"大专函授学习,为时两年。我认真地看了所有课程的课本。1996年,我和年轻人一起参加了浙江省自考办举办的"学前教育"自考,让我像范进一样中了一次"举",获得了毕业文凭。学习给了我总结自己的资本和力量,给了我与时代对话的勇气。近年来,外来理论一个接一个,我都能沉着应对:(1)我细辨理论的真谛;(2)以我课程实施的实况进行对应,寻找与外国教育理念的异同点;(3)据中外幼教的差异性,学习、取用,在实践中学习多种理念整合为我所用。我用毛主席的矛盾论和实践论联想皮亚杰的建构论,用他的"抗大"教育理念,"官教兵、兵教官、兵兵互教"来联想"师生互动""生生互动",用"跳起来摘果子"来联想维果斯基的"最近发展区"理论,用随机教育联想"生成"理念,这样我可以直接快速地进入学习状态,以寻找我们现在的教育理念间及与新理念之间的程度差异为学习和理解的重点,以更快提升理念支配下的行为质量。我想说的是理论来源于实践,教育实践必然有教育理念。这种理念可能因地区的差异、文化的差异,使表述的程度不同,术语名称不同。仔细去回顾中国百年幼教,会发现我们教育中有现代性的价值。通过园本课程建设确实让我感受到中国幼教的自身价值,让我懂得在各种流派中汲取精华,做好中国的幼教工作。

　　做课题过程中让我品味人格真伪。我学会坚持,学会求真,学会求实。我不以一时的成功为荣,而是以自己的不足寻求补充和修正为乐。我主持的幼儿园园本课程在 1988 年第一轮结题时幸运地遇到了两位伯乐——南京师范大学的赵寄石和唐淑教授的赏识,获得了全国幼儿园课程改革研讨会在湖州召开的机会,遇见了中外许多著名的幼教专家。当时美国著名幼教专家柏特森教授看我在带教活动时敢于在专家们面前依幼儿的实际情况及时地调整教育活动过程,称我为"世界一流"的教师。联合国儿童基金会驻京办事处项目专家考特尼看了当时我带的教育活动后,写了介绍我们幼儿园教育活动的文章,发表在国外的杂志上。1989 年,我们的课题名称由"幼儿园课程设置改革"变成了"发展幼儿能力课程",我一直以为是国际会议中国专家组为课题更的名,直到 2003 年我的专著出版时才从唐淑老师那儿获知,"发展幼儿能力课程"的名称是前世界学前教育组织主席柯蒂斯教授定名的。专家们对我的评价是对我的厚爱和支持,同时也给了我自信和力量,我自知自己终究是一线教师,感性经验还没有上升为理性认知,它促使我在后 20 年努力把感性经验上升为理性认知。2003 年,我终于以专著的形式表述了我们的园本课程——"发展能力课程"。

　　最近这几年,我工作虽处在半退休状态,但我的思维不眠,对幼儿园一日教育活动的自然流畅还在进行思考,对"发展能力课程"托班段教育的思考特感兴趣。为此还专门设计了托班一年的课程内容及活动系列,并指导托班教师进行实践。我希望求真求实的教育态度代代相传,让中国幼教像电视剧中的一句台词说的那样:"低头要有勇气,抬头要有实力,永远不断进取。"

朱丽丽————

生于 1952 年,浙江余杭人。1975 年杭州幼儿师范学校毕业,毕业后留在学校附属幼儿园担任教师。附属幼儿园承担着杭州幼儿师范学校学生的见习、实习指导任务和学校教学研究的任务,是一个具有优良传统和由众多优秀教师组成的团队,这为朱丽丽的专业成长提供了良好的平台。朱丽丽具有良好的教师素质,尊重儿童、热爱儿童、欣赏儿童,热爱学前教育工作,悉心钻研学前儿童的教育规律,善于创造性地开展工作。经过实践的锻炼和经验的积累,她组织的教育活动自然、灵活,富有个性,使幼儿快乐、积极、主动。她多次承担全国、省、市级教学观摩活动,得到了专家、同行的高度评价。当时,温州市教育局的领导和教师看了她组织的教育活动后说,这是一个富有发展潜力、对儿童教育充满灵感、能体现教育艺术的年轻教师。

1982 年,她考入南京师范大学学前教育系学习。1984 年获专科学历。毕业后任浙江幼儿师范学校(1978 年,杭州幼儿师范学校改称此名)附属幼儿园副园长,并与两位青年教师开展实验班的研究工作,对幼儿园科学活动的组织进行了探讨。在此期间编写了"金钥匙丛书"等儿童读物 30 余本。

1989 年,进入杭州大学教育系教育管理专业学习。1991 年本科毕业,获学士学位。毕业后任浙江幼儿师范学校教务处主任。1993 年任学校副校长,兼任浙江省幼教师资培训中心主任、浙江省幼儿园园长培训中心主任。1997 年至 1998 年,在浙江大学教科院教学论专业进修研究生课程。

在全国开展中等师范学校教学改革的背景下,在学校教学改革的基础上,她积极组织开展"三年制幼儿师范学校课程改革"的研究,完善了以必修课、选修课、课外活动和教育实践四位一体的课程模式,推进了对幼儿师范学校教学中标准化、统一化、封闭化课程模式的改革。1993年,面对提高幼儿园教育质量、提升幼儿园教师学历层次的需求,在浙江省教育委员会关于进行培养专科层次小学和幼儿园教师试点工作的指示精神下,她配合校长组织开展"三、二分段培养专科层次幼儿园教师的实验研究"。在对三、二分段模式研究的基础上,1997年又进行了"五年制模式培养专科层次幼儿园教师教学模式的研究"。在教育实验中,她深入教学现场,了解教学的实际状况;组织教师细致分析高师学前教育专业课程设置,构建培养方案和课程框架;采用外引内养的师资队伍建设策略,保证实验班的教学质量。从1995年开始,浙江幼儿师范学校开始向全省输送专科学历的幼儿园教师。这些毕业生受到了用人单位的普遍好评,目前她们已成为浙江省幼儿园管理和教学的中坚力量。在此期间,朱丽丽公开发表关于《三、二分段模式培养专科程度幼儿园教师的实践与思考》《幼儿师范学校教育实践内容及组织的思考与实践》等论文。1997年,承担国家教育部师范司关于"幼儿园教师人格特征的研究"课题,任课题组组长。研究成果获教育部师范司优秀科研成果奖,相关论文公开发表。

朱丽丽在学校担任学前教育学、学前卫生学、学前儿童语言教育、幼儿园课程等课程的教学。在教学中,她能充分调动学生的积极性,以人为本,尊重学生,教学严谨,思路清晰,理论联系实际,帮助学生学以致用。她担任浙江省示范性幼儿园园长培训工作期间,能充分调动和运用他们的实践经验来研究教育中的实际问题,教学效果受到普遍好评。她积极组织在全省范围内对幼教师资队伍状况开展调研,撰写报告,积极呼吁,对浙江省学前教育专业专科、本科函授、自考等成人教育专业的开设起到了积极的作用。2000年被浙江省政府授予中等师范学校学前教育特级教师称号。

2001年,浙江幼儿师范学校并入浙江师范大学。这标志着浙江省幼儿园教师的培养正式进入高等教育范畴。她积极组织开展"学前教育本科专业课程设置和课程改革的研究",对学前教育专业的课程设置、学前教育专业课程内容的统整、教育实践活动的整体安排进行了研究,该课题获浙江师范大学 2003 年教学成果二等奖。同年,她获得 2003 年度浙江师范大学"郑晓沧奖"。

在开展幼儿师范教育的同时,她始终深入幼儿园教育改革第一线。1999 年,在学校附属幼儿园进行"托幼一体化课程模式的研究",任课题组组长。同年被浙江省教育委员会特聘为浙江省首届基础教育教学成果评委会专家组成员。2003 年,"以情感为核心的托幼一体化课程的研究"获浙江省人民政府颁发的浙江省基础教育科研成果二等奖。

从 20 世纪 80 年代开始,她就积极参与浙江省幼儿园教材建设。她是《浙江省幼儿园教材》的编写者,是《浙江省幼儿园系列教材》编委会成员、语言学科组长,是 2000 年出版的《浙江省幼儿园课程指导》一书的副主编,对浙江省幼儿园课程改革和幼儿园教材建设起到了积极的作用。她现为浙江省教育厅、浙江省人民政府教育督导室聘请的兼职督学。

朱丽丽是中国学前教育研究会常务理事、浙江省学前教育研究会副会长和秘书长。她主持的"幼专生人格培养的实验研究"获中国学前教育研究会"十五"优秀研究课题奖。

王芳——

1982 年,我从浙江幼儿师范学校毕业,留在学校附属幼儿园(以下简称附幼)任教不知不觉已经二十多年了。二十多年来,我培育了一茬又一茬的孩子,经历了幼儿教育深刻的革命。在此期间,我从不爱幼教、不懂幼教到深深地爱上了幼教,明白了很多幼教人该懂得的道理。

1982 年,我和很多年轻人一样怀揣着梦想来到幼儿园。附幼是当时浙江省唯一一所省级示范性幼儿园,这里的教师不仅敬业,而且有较高的专业水准。初到这里工作,对我而言是压力,也是挑战。记得工作的第一年,我带的是一个小班,与我搭班的是一位非常优秀的教师,可惜她没带我两个月就回家生产了。我初来乍到,小家伙们都"欺负"我,经常好好的一堂课被他们吵得乱七八糟,总是以我火冒三丈为结局,使我又急又恨。每天晚上备课,会想一些对付他们的办法。我每天跟他们"斗智斗勇",整整"斗"了三年,他们成长了,我也在跟他们的"斗争"中懂得了如何走近孩子,如何管教孩子。

那时附幼的每位教师都有自己擅长的学科。老园长吴月春人品一流,且兢兢业业,她对幼儿园数学教学有较深入的研究。她总是鼓励我们要不断努力,且要有自己的方向,渐渐地我也对幼儿园数学教育有了兴趣,并有了一两次比较成功的教学公开活动。

1985年,学校争取到两个保送上海华东师范大学进修大专文凭的名额。到高等学府进修是我梦寐以求的事,经过努力,我和另一名同事成为了幸运者,走进了华东师范大学。我们如饥似渴地学习幼教理论,同时还参加上海市的幼教实践。两年的学习太短暂了,但对我来说这是非常重要的两年。在此期间,我不仅学到了一些理论知识,同时还了解到当时幼儿教育改革的最新信息。这次进修让我明白了什么是好的幼儿园教育。

1987年,我回到附幼工作,幼儿园领导为了让我学以致用,没有让我独立带班,而是把我插入已有的班级和带班老师一起搞实验班。当时我雄心勃勃,但两年的学习时间毕竟太少,功力太浅,我常常感到书到用时方恨少。我和同事进行了两轮实验。在此过程中,我们按照自己对幼儿教育的理解,创建了多种多样的活动区,对幼儿园的各科教学进行了不同的尝试。尤其对幼儿数学教学,我积累了较系统的一些教学经验,对数学教学比较有信心。在此期间,我参与了多套幼儿园教材的编写,并撰写并发表了一些论文。虽然这几年的教研没有获得大奖或受到瞩目,但对我以后的成长奠定了很好的基础。

1992年,我走上了管理岗位,担任幼儿园的副园长。至此,我不能只考虑自己的教学,还要考虑全园的教育教学。因此直接在一线工作时间的缩短,又有一些事务性的工作,让我更处在一种迷茫的状态。

1994年,通过竞聘,我走上了正园长的岗位。新官上任,没有管理经验,这让我感到困难重重。1996年,我考入浙江教育学院教育管理专业学习。之后,又进入杭州市园长培训班学习幼儿园管理,让我对幼儿园管理有了一些了解。

1998年,浙江省评选第四批省特级教师,区教委及学校推荐我去参评,这让我感到很大的压力。当年9月,我被评为浙江省幼儿园特级教师,那时候我算是最年轻的特级教师之一了。刚当选时,我很困惑,不知道自己该怎么做,好在我及时调整心态,把评上特级教师当成是自己成长的平台、努力的动力。

1999年6月的一天,我在一张报纸的中缝中看到一个幼儿园向社会招标合作办园的信息,我看场地条件不错,拿着报纸就向学校领导建议拿下这个幼儿园办第二附属幼儿园,没想到领导马上支持,经过一番激烈的竞争,我们争取到了幼儿园举办权。当时公办幼儿园开办分园还是件新鲜事,很多人都用怀疑的眼光看着我们,在已过了招生时间的情况下,向社会大力宣传,招收孩子一百多名,开办五个班,顺利开学。由于办学定位准确、办学理念清晰、管理到位,幼儿园很快赢得家长的信任,第二年招生全线爆满,并顺利地被评为杭州市甲级幼儿园。

第二幼儿园开办的同时,我就在思考以什么为办园特色,其实这个问题几年前我们就开始摸索。1999年之前就有过一些尝试,当时我们分析了幼儿园的优势和传统,认为我们是以“爱和尊重”为办园基石的幼儿园,我们最大的特点是尊重儿童的天性,尊重儿童的心理和情感。因此我们找到了“情感”作为课程中的一个关注点,开始了一些教学活动的尝试。但因为自己的想法还很粗浅,研究也是零打碎敲,没有深入下去。第二幼儿园开办时我们有了托幼一体化的想法,因为在此之前很少有人关注托班教育。因此0—3周岁的教育,留下很多盲点。而我们认为0—3周岁教育非常重要,它是儿童发展关键之关键期,而当时很多0—3周岁的孩子却是保姆带,很多家长也不太注重亲子关系。综合分析各种条件,我们决定把"以情感为核心的托幼一体化课程"作为我们办园的主要特色。学校领导非常支持我们的工作,派教育组夏艳勤老师与我们一起合作。第二幼儿园一开办我们就着手研究,我们研究托班的环境创设、焦虑情绪的缓解、课程的建构和亲子关系的建立。2000年"托幼一体化在托班的实践与思考"获省基础教育科研成果三等奖。

在研究亲子关系时,我们还和省妇联合作,在全省率先面向社会开办"亲子乐园",向社会宣传亲子教育的重要性及亲子教育的技巧,取得了非常好的社会效益。

从1999年始,在研究"托幼一体化"的同时,我们研究幼儿园情感课程,构建了课程的基础框架,目标体系、内容体系、实施体系和评价体系齐全,还特别指定了情感教育目标。2002年4月由浙江省教科院组织的专家评审,通过了结题鉴定,认为我们的园本课程研究基础比较扎实,研究内容和成果具有原创性。经过几年的实践与探索,初步形成具有一定特色的操作思路,其成果在省内同类研究中具领先水平,有推广价值。课题成果获浙江省基础教育科研优秀成果二等奖、2002年省幼教科研论文一等奖。园内的一批教师被选入了浙江省省编教材编委会,参加了教材的编写。

2002年"以情感为核心的托幼一体化课程研究"结题后,我们对该课程进行了全面的反思,并与新《纲要》理念相结合,此后,我们惊喜地发现新《纲要》也十分注重幼儿情感的发展,其理念与我们的园本课程非常吻合,这更增强了我们的信心。在对照反思的基础上,我们从两个角度同时申报课题——"幼儿园课程建设自我发展机制的研究"与"幼儿情感能力的培养"。幼儿情感能力的培养课题,我们从现状研究开始,研究了幼儿情绪表达、情绪识别、情绪调节的现状,针对幼儿情绪情感研究的现状,从教师和幼儿两方面制定相应的干预措施,再针对幼儿情绪情感的干预研究进行效果检验。在研究干预措施时,我们发现幼儿情绪主要来源之一是教师的批评和表扬,我们对此进行了专门的研究。为此,我还主编了《我们的批评哪里去了》一书。

"幼儿园情感能力培养课题"为浙江省科学规划院重点规划课题,2006年4月顺利结题。课题顺利通过由教育部体育卫生与艺术教育司、中央教育科学研究所、浙江省教育科学研究院、浙江师范大学等单位7位专家组成的鉴定组的鉴定,专家组给予课题高度的评价。他们认为课题从幼儿园教学的现状出发,把树立幼儿情绪情感能力教学意识,探索幼儿情绪情感能力培养的教学途径,全面提高教育质量和幼儿的综合素质作为研究主题,具有前瞻性和现实意义。课题能将理论与实践相结合,巧妙运用教育学与心理学的方法,注重调查与研究,研究、干预效果明显,有效促进了幼儿综合素质的提高,初步培养了一支有先进教育理念和较强现代教育技术的幼儿园骨干教师队伍。

幼儿园园本课程的研究一直在深入进行。我们研究了显性课程和隐性课程,显性课程我们重点研究了不同年龄段幼儿教学目标和内容的侧重及主题活动的不同的展开方式。

我们摈弃了过去一提到主题就从领域知识出发考虑问题的方式,取而代之的是关注儿童兴趣走向让儿童自主展开活动。以此将各活动连成一条线索的线状展开方式,内容不同,角度不同展开方式也不同,它既可以是任务驱动式、问题(研究)展开式,也可以是作品展开式、身边事件展开式等。

2006年是幼儿园五十岁生日。在她五十华诞之际,我们总结了她的教育内涵。她的核心是爱与尊重。她的两大基石是:以情感为核心的课程文化和以和谐为特征的团队文化。

二十多年来,干着幼教,深爱幼教,而且越来越觉得它重要,它有研究头,而且也觉得自己越来越不满足,只有不断学习,才能不断进步。

第四节　幼儿教育研究的积极推广

一、浙江省教育学会学前教育分会的设立①

1979 年 12 月,浙江省幼儿教育研究会在杭州成立,由吕静担任会长,会员 88 名,挂靠单位为浙江幼儿师范学校。1993 年上半年更名为浙江省教育学会学前教育分会(以下简称浙江省学前教育研究会)。经过近 20 年的发展,该学会已成长壮大为浙江省最有影响的幼儿教育群众研究团体,在全国的学前教育界也有一定影响力,现有会员发展到近千名。历任会长有吕静、矫德凤、丁碧英、秦金亮(后面附有简介),历任秘书长有卢婉君、丁碧英、朱丽丽。

(一)　主要活动

学会自成立以来,一直致力于群众性学术推广活动,主要可分为以下几类:

一是历届年会的召开。1979 年 11 月 3 日至 9 日,学会召开第一届年会,产生第一届理事会理事。其后分别于 1982 年、1984 年、1990 年、1993 年、2000 年和 2004 年召开第二届至第七届年会,并产生历届理事会理事。

二是多次开展示范性幼儿园工作会议和各种教师培训会议,培训示范性幼儿园园主任以及幼儿园教师、妇女干部、家庭教育研究骨干等。

三是组织各种纪念庆典活动。2002 年,协助中国学前教育研究会、中央电视台社教中心,赴绍兴、宁波、温州、平湖等地拍摄民办、乡镇幼儿园办园资料,为电视片提供素材。2003 年 10 月派代表参加"中国幼教百年"庆典活动。

四是各类幼儿园教育交流研讨和学术报告会。如幼儿双爱(爱家乡、爱祖国)教育研讨会、幼儿语言教育讲座、幼儿科学、计算讲座、幼儿健康教育研讨会、幼儿教育改革研讨会、幼儿园艺术整合教育研讨会、托幼综合教育课程讲习班、《幼儿园教育指导纲要(试行)》专题学术报告会等。

---

① 由丁碧英提供一手资料。

五是组织国际学术交流活动。如举办中美儿童教育比较研讨会;联合承办世界学前教育组织(OMEP)中国委员会在杭州主办"2005年国际华人幼儿教育研讨会";组织赴台考察组,考察台湾学前教育状况并进行学术交流;组织代表赴香港参加世界幼儿联合会香港会议第六届国际研讨会;接待世界学前教育组织主席柯蒂斯考察浙江民办学前教育状况;组织赴美代表团等。

（二）学术研究

学会成立后,根据学会性质与浙江幼儿园教育改革发展进程、幼儿园教师的专业水平实际状况开展群众性、幼儿教育学术研究。1979年至今开展多元主题研究、论文交流活动,汇编各种幼教经验、论文集(资料集)。1999年8月,学会组织由丁碧英、史惠英、凌勤勤主编《浙江省幼儿教育研究文集》一书(由新时代出版社出版)。2003年1月,学会又一次组织由丁碧英、史惠英、凌勤勤主编《浙江省幼儿教育研究文集(2)》一书(由新时代出版社出版)。新世纪开始,学会学术研究跨入新台阶,学会工作重点以"十五"研究课题为中心开展工作,如组织各地会员申报课题研究项目,2001—2003年先后批准立项84项(其中17项为中国学前教育研究会"十五"研究课题立项);逐步加强研究课题的管理工作,聘请知名专家学者做研究课题方案设计、课题价值评估等指导报告,下派人员赴各地了解群众课题研究进展情况与具体指导工作。同时注重研究成果的巩固工作,召开课题结题成果会,对35项已结题的课题进行鉴定、评奖与交流。认真抓好学会重点课题的研究工作,"浙江省私立幼儿园发展研究"等8项课题获中国学前教育"十五"研究课题优秀研究奖。2006年,丁碧英主编由新时代出版社出版的《浙江省私立幼儿园发展研究》一书。该书对浙江私立幼儿园的发展历史与现状进行了专项研究,围绕私立幼儿园发展的动因、办园水平、管理方式以及存在的问题开展了较为深入的调查与分析,较全面地展现了浙江省内私立幼儿园的状况。

（三）发展经验

该学会的影响力、凝聚力日渐增强,深得会员与广大幼儿园教师的关爱与教育行政部门的重视。其主要经验是:

1.根据学会的性质,开展有效的群众性、学术性活动

　　学会是群众性学术团体,具有鲜明的学术性与群众性。其学术性体现为幼教科研紧密结合教改形势,集中反映教改重点和热点问题,因而较富超前性。其群众性体现为幼教科研更具自主性、自觉性、广泛性、实践性,较少功利性。学会活动给广大会员提供了教育科研活动的平台,通过学术报告、课题研究、学术研讨、评奖、观摩等活动,给广大会员提供了国内外最新信息,使会员获得展示与交流科研成果的机会,激起共同研讨的热情,更有效地提高了教师的创造性与研究能力,促进理性思维,推动教改,从而促进了幼儿园教养工作全面提高与幼教事业的发展。所以学会是群众自我教育的学校,是教师继续教育的重要一环。

　　从全省各市地学会工作情况来看,凡是有远见的,重视学会工作,较早发动广大会员与教师参与幼教科研,较多提供辅导、咨询与交流平台的市地,广大教师学术研究的气氛浓,积极性高,科研成果多,教育改革活跃。学会成为了群众自我教育、自我提高的学校成为行政部门的参谋与助手,得到了各地行政分教研部门的关怀与支持。

　　2. 重视并切实加强学会的管理工作,是开展学会工作的关键,依靠教育行政部门的支持与指导,是开展学会工作的关键

　　学会是协助教育行政部门开展群众性学术研究的团体。为此,多年来他们积极配合教育行政部门,组织有关活动,开展多样化的教改研究与探索;同时也依靠教育行政部门的关心支持和指导,开展工作,许多工作是在浙江省教育厅、浙江幼儿师范学校、中国学前教育研究会和省教育学会的关心与支持下而取得成绩。

　　3. 发扬团体精神,提高学会的凝聚力

　　理事会是学会的领导机构,充分发挥理事会的智慧与领导决策作用,是十分重要的一环。为此,每年至少召开两次理事会,商议重大事宜、制订工作计划,秘书处的同志发扬团队精神,团结一致,全心全意为大家服务,加强与各地的联系、沟通,提高了学会的凝聚力。

　　4. 逐渐完善学会管理组织工作

　　学会虽然是群众性组织,但不能涣散无序,在实际工作中要加强计划、制订、实施过程与总结反馈等各环节的管理。学会的组织建设工作也比较规范,重视会员发展工作,目前省会员已近千余名,全国会员两百余

名。注重规范管理,形成与地市专业委员的联系网络,重视档案管理与保存,使学会工作有序,有凝聚力,影响日益增大。

5. 为群众服务,重视会员学术研究成果的巩固

多年来,学会组织了各种活动,其目的是提供学术交流、展示成果的平台,从而起到协助行政部门提高幼儿园教师专业水平的作用。同时,为了提高广大幼儿园教师参与学术研究的积极性和教育科学研究的能力,还必须巩固研究成果的工作。在早期,学会采取便捷的方法,将会员与幼儿园教师提供的研究资料,汇编成资料集。随着形势的发展,进而创造条件,将优秀成果编辑后正式出版,因而,深得幼儿园教师的欢迎与好评,从而也更扩大了学会的影响力。

总之,始终坚持围绕学会的根本性质,开展多样化的群众性的学术研究探索交流活动是学会的影响力、凝聚力日渐增强的根本经验。此外,具有鲜明的学术性,较少功利性,根据幼儿教育改革的发展进程,选择有价值的研究问题,开展研讨活动,不断增强学术研究氛围;体现群众性、自主性,广泛吸收会员、行政部门、园长、幼儿园教师积极参与,进行自主选题研究;学术研究活动形式多样化,具有一定超前性、实践性;全力打造为群众服务的有效学会工作方式,发扬团队精神,规范学会管理工作等也是学会日益壮大发展的重要因素。

(四) 附设组织

陈鹤琴教育思想研究小组是为纪念老一辈幼儿教育家陈鹤琴先生而专门组建的群众学术研究团体,从属于浙江省学前教育研究会和全国陈鹤琴思想研究会。主要负责人是史惠英、朱丽丽、丁碧英、吕苹等。主要开展的活动有:1991 年 11 月在宁波与中国学前教育研究会联合召开"陶行知、陈鹤琴、张雪门、张宗麟教育家教育思想研讨会";1992 年 3 月召开浙江省、上虞县纪念陈鹤琴先生诞辰一百周年活动暨学术交流会;为庆祝中国百年幼教,2002 年 10 月在上虞市举行"浙江省纪念陈鹤琴先生诞辰100 周年暨学术研讨会",并编印了《论文集》和《资料选》,其中五篇论文被选作全国交流。1998 年 10 月,受各省市陈鹤琴教育思想研究会的联合委托,和《幼儿教育》编辑部联合刊印了《鹤琴之声》第六期。2004 年 8月,受各省市陈鹤琴教育思想研究会的联合委托,与上虞市陈鹤琴教育思

想研究会和《幼儿教育》编辑部联合刊印了《鹤琴之声》第七、八期。2003年9月，浙江师范大学杭州幼儿师范学院建立了陈鹤琴教育思想研究会的学生社团，以在大学生中推广学习陈鹤琴的思想和精神为目标，掀起了陈鹤琴思想的学习热潮。

（五）历任会长

吕静（1922—2006）　浙江杭州人。1946年毕业于浙江大学教育系。毕业后在教育机关及中学任教。1948年回浙江大学教育系任心理学助教。1952年院系调整后到浙江师范学院（杭州大学前身）任教。1958年杭州大学成立后一直在该校从事教学与科研工作。1986年晋升为教授。

吕静是我国著名的儿童心理学家。她在高校从教40余年，曾讲授普通心理学、儿童心理学、儿童认知发展心理学、儿童行为矫正等课程，并担任心理学系儿童与教育心理教研组组长。吕静教授长期从事科学研究，重点探索儿童认知发展过程规律。参加了由全国科学院、心理所及全国高校共10多个单位组成的认知发展研究协作组，为该组织的发起人和负责人之一。她努力探索后进生问题，参加由联合国儿童基金会资助，在原杭州大学设立的"儿童生长发育和智能发展研究中心"工作。她热爱心理学事业，为我国儿童心理学科的建立和发展贡献了毕生心血，取得巨大的学术成就，发表了众多的高质量论文，如《低年级儿童掌握应用题要领的思维灵活性》《国内九个地区3—7岁儿童数概念和运算能力发展的初步研究》和《4—9岁儿童逻辑推理能力的研究》等，获得国内外儿童心理学家的极大关注和高度评价。她著作甚丰，其中由她编著或参与编著的《小学心理学》（教育科学出版社1989年版）和《儿童发展心理学》（吉林教育出版社1996年修订本）均获得全国优秀图书一等奖。

吕静一直担任中国心理学会发展心理专业委员会委员、中国教育学会儿童教育心理学研究会理事、浙江省幼儿教育研究会会长、浙江省心理学会理事以及浙江省心理卫生协会常务理事等职。

矫德凤（1933—1989）　山东牟平县人。生长于贫农家庭，受父母的影响，她从小就参加胶东老解放区的革命斗争。1942年任儿童团长时，就积极为地下党组织做通讯联络工作。1946年积极参加社会教育工作，成绩出色，获"胶东模范小先生"奖章。1947年敌人重点进攻胶东时，她夜以继日地照顾伤病员。由于她的突出表现,1947年1月,她14岁时被破格吸收为中共候补党员。1949年5月在山东莱阳中学读书时,曾担任学生会副主席、青年团总支书记,出席过山东省人民代表大会。1949年春和1952年夏季,她作为山东省学生代表,出席了中华全国学生会第十四、十五届代表大会。

全国解放后,她在1955年9月被党选去苏联学习,在异国他乡,她克服了许多困难,刻苦求学,1960年以优异的学习成绩从列宁格勒赫尔岑师范学院毕业。回国后,服从组织分配至杭州幼儿师范学校工作,先后任教师、教研组长、教研室主任、副校长、副书记等职务。1983年9月出席中国妇女第五次全国代表大会,任全国妇联执委。1988年5月出席浙江省第八次妇女代表大会,任省妇联执委。在幼师工作的30年间,她勤勤恳恳,鞠躬尽瘁,为学校的建设和我国幼教事业的发展,特别在幼儿教育科学研究、幼儿园及幼师教材建设方面,作出了可贵的贡献。在30年的教师生涯中,她长期从事专业学科的教学工作,一贯认真钻研教材,注重教材建设;在班主任工作中,对学生全面关心,深受学生的崇敬和爱戴。她热情致力于幼儿教育科学研究工作,负责主持了多项研究课题,先后写出了《3—6周岁幼儿数概念形成与掌握运算的规律》《3—7岁儿童家庭教育与性格发展》等7篇科研论文和调查报告,其中,《幼儿数概念的形成与智力的发展》一文获1986年浙江省家庭教育研究会优秀论文奖。在此基础上,她负责主编了我国第一本供三年制幼师使用的《幼儿园计算教学法》教材。她还为家长编写了《幼儿数学教学法》一书,此书获浙江省社会科学优秀成果二等奖。此外,她还主编了《幼儿园各种教学法》《幼儿数学世界》《幼儿园计算》等9种教材,共20多本。另外,她撰写的论文、科普文章和翻译、校对的外文资料共有30多篇,其中编译的外文资料近7万字。

矫德凤同志先后担任中国幼儿教育研究会理事、浙江幼儿教育研究会会长和浙江省心理学会理事。1982年4月,被国家教委师范司聘为全国幼师教材编审委员会委员。1988年11月,被全国幼儿教育研究会常务理事会聘为学前教育研究会杂志编委会委员。

丁碧英　1938年生,浙江温州人。6岁丧母,家境困难,小学毕业后失学,进茶厂做拣茶工。温州解放后,1950年10月进乐清县初级师范学校读书,品学兼优。1953年7月学校保送她进温州师范学校读书。此时,她更积极向上、认真学习,1956 年 12 月加入中国共产党。由于表现优秀,温州师范学校毕业后,又被推荐考入杭州大学教育系读书。其间受杭州大学举送,赴南京师范大学学前教育专业进修一年。1962 年 2 月毕业后,到杭州幼儿师范学校任教,先后任教师、教研组长、副教导主任、副校长、校长、党支部书记等职务。

1983 年 9 月,出席浙江省第五次妇女代表大会,任省妇联执委。先后被学校党支部与省教育厅党委评为优秀共产党员。1996 年被全国妇联、国家教委授予“全国家庭教育园丁奖”。1979 年以来先后任浙江学前教育研究会副秘书长、会长,浙江省家庭教育研究会副会长,浙江省幼儿体操协会理事、顾问,中国学前教育研究会常务理事,被全国幼儿教育研究会常务理事会聘为《学前教育研究》编委会委员,现被浙江省学前教育研究会理事会聘为名誉会长。

丁碧英从事幼师工作 40 多年,她满怀报效祖国之心,热爱社会主义,热爱幼教事业,忠诚于人民教育事业,为幼师的建设,为我国幼教事业的发展,特别在幼儿教育科学研究、幼儿园与小学教材、省学会的建设方面,作出了可贵的贡献。

她长期从事学前教育学、幼儿心理学、幼儿园管理等学科的教学工作。一贯以来认真钻研教材,注重理论联系实际,深入幼儿园调查研究,充实教材内容。在班主任工作中,对学生全面关心,深受学生的崇敬和爱戴。

1981 年以后,她开始承担浙江幼儿师范学校副校长、校长工作。她团结干部与教师,坚持新时期幼儿师范教育的改革开放,推进浙江幼儿师范学校迈开更大的前进步伐,适应浙江幼儿教育事业快速发展的需要。在实施学校行政领导管理中,她注重维护集体领导,实行民主、科学管理,倡导发扬幼师优良文化传统,面向社会、面向幼教,服务社会、服务幼教的正确办学方向。激励教师精通业务,深入幼儿园实际,建设教材、教法。在教育科学研究领域,她注意贯彻“百花齐放、百家争鸣”的方针,创设学术民主氛围,帮助教师开展教育科学研究,以利于学校形成“教育质量高”“专业特色浓厚”“适应幼教、服务幼教”的鲜明特色。

对担任 10 多年的浙江学前教育研究会的会长一职,她更倾注全力,尽心建设学会。在学会工作中,她始终把握学会的群众性学术团体的性质,遵照学会的宗旨,从浙江幼儿教育科研队伍的实际水平出发,选择基础与应用相结合的研究项目,采用多种形式开展有效的科学研究活动,使学术研究逐渐从浅层次向深层次发展,为提高浙江幼儿教师科研能力作出了贡献。

她在从事幼师的教学与行政领导工作的过程中,始终关注幼儿园如何为社会服务,为广大家长与孩子服务,在新的历史时期,浙江幼教事业如何获得快速而健康的发展。她上山下乡考察访问各地幼儿园的办学经验,解决实际问题,并运用科学方法,研究与探索浙江幼教事业的发展与经济社会、教育文化发展的具体关联,展望未来幼儿教育优质化、公平化发展的美好远景。先后撰写科普文章与学术论文,开展多项课题研究。1993 年撰写《幼儿园对中国妇女充当双重角色的作用》一文,参加"当代职业妇女角色冲突研究"国际学术会议交流,并由浙江人民出版社出版成书。1999 年先后与他人合作,探索浙江幼儿教育事业发展问题,撰写了《快速发展中的浙江幼教》《论温州幼教模式》等文。这些文章后由《幼儿教育》杂志刊载或由新时代出版社编入《浙江幼儿教育研究文集》一书,《论温州幼教模式》更是获得了浙江省教育学会论文一等奖。1990 年开始,她和史惠英一起将目光投向民办幼儿园的发展研究,撰写《浙江民办幼儿园调查研究》。2000—2005 年,她又组织"浙江省私立幼儿园发展研究"课题研究,经过 5 年的深入调查和刻苦研究,与课题组成员共同编著了《浙江省私立幼儿园发展研究》一书(由新时代出版社于 2006 年出版),该成果荣获中国学前教育研究会"十五"课题优秀研究奖。

此外,她 1993 年参加浙江省教育厅组织的浙江省幼儿园教材编写工作,任副主编,主编幼儿园《常识》系列教材(由新时代出版社出版)。1991—1995 年参加浙江省教育厅组织的浙江省中小学九年义务制教育教材编写工作,主编小学《生活与劳动》1—12 册教材(由浙江教育出版社出版)。

秦金亮　1966 年生,山西原平市人。1988 年获教育学学士学位,1991 年获心理学硕士学位,2000 年获心理学哲学博士学位,2001—2003 年在上海、香港从事心理学博士后研究,2004 年入选浙江省"151"人才工程资助计划。现为浙江师范大学杭州幼儿师范学院院长、教授、博士生导师,教育部幼儿教师教育专家委员会副主任委员兼秘书长,全国教师教育学会幼儿教

师教育委员会理事长,中国学前教育学会理事兼学术委员会委员,中国心理
学会教育心理学专业委员会委员,浙江省学前教育学会理事长。

　　自 1991 年以来,他为本科生主讲"学前教育研究方法""教育统计与测
量""儿童发展心理学"等课程,为研究生主讲"心理学研究方法专题""实验
设计""儿童发展理论""发展认知神经科学""质性研究方法专题"等课程。
所带领的学前教育团队自 2003 年组建以来,先后获得 5 项国际合作课题、4
项省哲学社会科学研究课题,2005 年以优异成绩获得学前教育学硕士学位
授权资格。带领团队主编的《儿童发展概论》(高等教育出版社 2008 年版)
入选普通高等教育"十一五"国家级规划教材、高等院校学前教育专业教材,
主讲的"学前教育研究方法"被评为省级精品课程。自 2004 年以来,参与教
育部《教师教育课程标准》的制订,主持全国学前教育专业培养方案的制订,
还筹建了国内第一个儿童发展认知神经科学实验室。

　　在学术方面,他喜欢从事跨学科的综合性研究,近年来主要从事儿童
发展研究、发展认知神经科学研究、幼儿教师研究、幼儿教师教育研究,发
表学术论文 40 余篇,2002 年以来中英文代表性论文有:《The Developmen-
tal constructivism Theory of Memory Processing Mechanism》(Internation Jour-
nal of Psychology. 2004 , 5 , v 39)、《The Experimental Study on Age Difference
of Children'Autobiographical Memory》(Internation Journal of Psychology.
2005 , 3 , v 40)、《国外社会科学两种研究范式的对峙与融合》(载《山西师
大学报》〔社科版〕2002 年第 2 期,《新华文摘》2002 年第 9 期全文转载)、
《前瞻记忆的自评和延时的特点》(载《心理学报》2003 年第 5 期)、《全球
化背景下儿童发展的文化安全》(载《幼儿教育》2004 年第 7 期,《新华文
摘》2004 年第 24 期全文转载)、《自传记忆发展的年龄差异研究》(载《心
理科学》2004 年第 3 期)、《错误记忆产生的无意识激活证据》(载《心理学
报》2007 年第 1 期)等。已完成国家省部级课题有"发展建构主义与学科
教学设计研究"(全国教育科学"十五"国家一般项目)等 8 项,在研课题
有"儿童自传记忆的发生发展研究"(浙江省"151"人才工程资助计划项
目)、"质化研究的人文精神"(浙江省哲学社会科学规划项目)、"Flash-
bulb 记忆研究"(与英国 Hertfordshire 大学合作项目)、"儿童整合学习研
究"(与美国 Flamount 大学合作项目)等 4 项。

二、幼儿教育研究的推行

（一）关于儿童身心发展的研究

　　浙江大学心理系的吕静教授长期从事儿童心理学的科学研究,参加了由全国科学院、心理所及全国高校共 10 多个单位组成的认知发展研究协作组,为该组织的发起人和负责人之一。她开展了一系列关于儿童生长发育和智能发展的研究,并发表了论文,如《低年级儿童掌握应用题要领的思维灵活性》、《国内九个地区 3—7 岁儿童数概念和运算能力发展的初步研究》和《4—9 岁儿童逻辑推理能力的研究》等,获得国内外儿童心理学界的关注。浙江师范大学杭州幼儿师范学院的秦金亮教授主要从事儿童发展研究、发展认知神经科学研究等,在研课题有"儿童自传记忆的发生发展研究"等。浙江师范大学教师教育学院的傅根跃教授主要从事儿童心理研究,如儿童说谎研究、儿童情绪研究等,先后有多项课题获得美国国立卫生研究院(NIH)、加拿大国家人文社科基金、国家自然科学基金等资助,已在国际权威刊物上发表了一系列研究成果,获得国内外同行的重视和好评(如有关儿童恭维行为的发展研究成果就被加拿大最大、最具权威的两家媒体《多伦多星报》和加拿大通讯社以专版的方式详细报道)。

（二）关于幼儿园教育教学的研究

　　早在 20 世纪五六十年代,浙江幼儿师范学校、一些地县教研室和幼儿园就结合幼儿园教材的编写,进行幼儿园教育教学的研究与探索,在如何学习苏联模式并使之本土化、推行分科教学等方面获得了一些经验与成果。改革开放以后,浙江省幼儿园教育教学的实验与研究,在广大幼教工作者的积极参与下,在各研究团体的积极引领下,特别是省教委教研室在 1995 年 8 月专门设置幼教教研员,由虞莉莉主持全省教研工作。这样,从而形成了较为完整的幼儿教育教研网络,研究内容不断丰富,研究成果不断涌现,全省幼教界形成了蓬勃发展、方兴未艾的局面。进入新世纪,随着《幼儿园教育指导纲要》的贯彻,幼儿园课程改革的推进,特别是园本教研的逐步推广,全省幼儿园教育教学研究不断取得新的成果,进入了一个全新的阶段。在幼儿语言与阅读、幼儿社会性发展与品格教育、幼儿数学与科学教育、幼儿营养与健康、幼儿艺术教育、幼儿游戏与文化、婴幼儿早期教育与家园合作等方面都取得了新的进展。省编幼儿园教材也密切配合幼儿园的教育改革不断进行修订，获得了新的成果。

对于广大幼儿园来说，《纲要》学习、贯彻的过程，就是园本培训、园本教研的过程。园本教研因其现实可行、见效快受到幼儿园和教师的欢迎，能较大范围地提升幼儿教师的研究水平，因此，目前浙江省十分注重"以园为本"教研制度的建设，分层分类指导幼儿园创造性地开展园本教研制度建设，以"朴素"的方式推广园本教研。加强对农村幼儿园、民办幼儿园园本教研工作的指导，促进各具特色、均衡发展的幼儿园教育教学研究新格局的形成。在园本教研的推广过程中，涌现了丰富而各有特色的成果。如浙江师范大学杭州幼儿师范学院附属幼儿园王芳园长主持的园本教研课题"幼儿情绪能力培养研究"获得全国"十一五"教育科学规划教育部重点课题立项。

（三）关于幼儿教育事业发展与政策的研究

浙江省因其地域、经济、文化等因素的影响，形成了独特的充满活力的幼儿教育发展格局。研究浙江省幼儿教育事业的发展与政策是一个非常有意义的课题，20 世纪 90 年代，丁碧英、徐爱晖就对温州幼教模式进行了总结、研究与分析。进入新世纪，丁碧英的"浙江省私立幼儿园发展研究"课题对浙江省民办幼儿园的发展的现状作了调查与分析。她用时 5 年，走遍全省，对各地民办幼儿园发展的成功经验作了认真总结，对发展中出现的一些问题作了较为深入的梳理分析，揭示了民办幼儿教育的内在的一些发展规律，并提出了政府进一步加强扶持和管理、提高教师素质等有价值的对策建议。研究报告《改革开放后浙江省民办幼儿园发展研究》获中国学前教育研究会优秀成果奖。吕苹也对浙江省的农村幼儿教育的发展作了较为深入的研究，主持的课题"新农村建设视野下农村幼儿教育发展策略和模式研究——以浙江省为个案"获得全国"十一五"教育科学规划教育部青年专项课题立项。

（四）关于幼儿教育史的研究

20 世纪八九十年代，浙江幼儿师范学校开展了幼儿教育史的教学与研究。进入新世纪以来，由于教学与研究力量的充实，关于幼儿教育史的研究也得到了拓展与延伸。王春燕的"中国学前课程百年发展与变革的历史研究"获得浙江省哲学社会科学课题立项。该课题对中国幼儿园课程百年发展的历史作了系统的追溯与分析,探讨中国学前课程百年发展与变革的规律,总结我国百年学前教育发展的经验与教训,对于指导今后的学前课程改革的实践和课程的理念建设,具有重要的现实意义和一定的历史参考价值。吕苹的"浙江幼儿教育发展史"获得浙江省哲学社会科学课题立项。该课题对浙江近代以来幼儿教育从无到有、从小到大的发展历程进行了系统的梳理,总结分析其独特的经验教训与发展特点、规律等,为今后的幼教发展提供了借鉴与启示。

三、《幼儿教育》杂志的刊行

(一)《幼儿教育》的创刊和发展

《幼儿教育》是我国当代四大主要幼教期刊之一。它由浙江省教育厅主管主办(现改由浙江教育报刊社主办)、浙江幼儿师范学校(今浙江师范大学杭州幼儿师范学院)和浙江教育编辑部(现更名为浙江教育报刊社)联合出版,于1981年11月,在原浙江幼儿师范学校所办的《幼教通讯》的基础上出版试刊号,于1982年1月出版创刊号。该期设《学习和研究》《经验篇》《家庭顾问》《父母之心》《幼儿食堂》《百花园》《育苗人》《在国外》《做做玩玩》《在各地》《幼教拾贝》《智力园地》等栏目,由罗韬任主编。我国著名教育家陈鹤琴先生为该刊创刊题词:"热爱、了解和研究儿童,教育他们使之胜过前人。"浙江省副省长刘亦夫发表文章庆贺《幼儿教育》创刊:"这是我省幼教战线的一件大事,值得庆贺。"全国妇联儿童工作部来信给予热情的鼓励和支持:"全国幼教事业的发展很需要这样的刊物,你们做了一件好事,我们应尽力给予支持。"

编辑部历任主编有罗韬、李运庆、章红、张虹等。20余年来,《幼儿教育》经历了不断成长壮大的发展过程。1983年第1期起,内文增至32页。1985年第6期起,在封面上使用老一辈无产阶级革命家陈云同志为刊物题写的"幼儿教育"刊名。1986年第1期起,内文增至40页,改为照排胶印,并着手办理向国外发行的手续,经有关部门批准,于1987年第1期起向国外发行。1994年1月,内文增至48页。同年,由编辑部注册资金50万元成立了浙江幼儿教育开发服务中心,主营图书、音像制品销售。2000

年1月,期刊改为大16开,内文增至56页。2003年9月,《幼儿教育》扩版为教师版和家教版一刊两版。2006年1月,《幼儿教育(教育科学版)》发行,扩版为一刊三版。编辑部本着读者第一、质量至上的理念,开展工作,取得了令人瞩目的成绩。发行量由创刊时的8万余份,发展到如今的20余万份。其中期印数在1999年最高达到了27.8万册,2001年月平均为23.5万册,是中国学前教育界覆盖面最广、发行量最大的专业期刊。《幼儿教育》被评为"全国教育核心期刊""华东地区最佳期刊""浙江省一级期刊",被浙江省新闻出版局选送参加第二届全国百种重点社科期刊评比活动。广大读者称它为"良师益友"。

(二)《幼儿教育》的主要特色

经历了20余年的不断发展,《幼儿教育》形成了自己的主要特色:普及与提高相结合,注重理论联系实际,具有指导性、实用性、可读性,内容丰富,图文并茂,生动活泼。其具体反映在以下几方面:

1. 内容丰富,总体配置比较合理、稳定

20余年来开设的栏目及所刊登的文章大致可分三大类:一是总论和探索与研究方面的,所占篇幅不太多,但它理论联系实际,对幼教改革有较强的指导性或导向性,为各方面的读者服务。二是幼儿园教育和家庭教育(均含保育)方面的基础知识和经验体会,这类文章所占篇幅最多,主要是分别为幼儿园教师和幼儿家长服务。三是综合性栏目或文章,如国外幼教、教育文摘、来稿点评、教玩具制作、东西南北中、环境布置等,各方面读者都可选读。这样的设计是以适应幼儿园教师和幼儿家长需要为主,兼顾研究工作者、幼教干部、幼儿师范学校师生等各方面读者的需要,是普及与提高相结合的多层次配置。

2. 多管齐下,联系实际,认真宣传贯彻党和国家关于幼儿教育的方针、政策

教育部于1981年颁布了《幼儿园教育纲要(试行草案)》,于1983年颁布了《关于发展农村幼儿教育的几点意见》,于2001年颁布了《幼儿园教育指导纲要(试行)》;国家教委于1989年颁布了《幼儿园工作规程(试行)》和《幼儿园管理条例》。对于这些政策文件《幼儿教育》都及时予以宣传,并开辟专栏交流贯彻这些文件、法规的经验与体会。为了宣传搞好

幼教工作是一项关系到党和国家前途命运的战略任务,该刊邀请一些著名学者、科学家、教育家等撰写专文。这些文章,连同请幼教专家撰写的运用国内外科研成果阐述早期教育意义的文章,对推动全社会重视早期教育,促使广大幼教工作者增强献身幼教事业的使命感和责任心,都起了良好的作用。

3. 努力推动改革,为改革服务

20 余年来,我国幼教改革的历程在《幼儿教育》的诸多栏目里都留下了深深的足迹。贯穿始终的主旋律是宣传正确的儿童观、教育观,促进教育思想的转变,并着重介绍以应用研究为主的科研成果,指导幼教改革实践。该刊在各时期都刊发了许多幼教名家关于宣传改革理念、研讨改革策略的重要文章。这些文章对幼教改革的深入发展,起到了反映、引导、推动的作用。为了吸取历史遗产中的精华,促进当前幼教改革,特别是庆祝幼教百年诞辰,该刊对我国古代幼教思想和近代幼教史实作了介绍。对我国现代著名教育家陶行知、陈鹤琴、张雪门、张宗麟的幼教理论和实践以及他们的献身精神和改革精神,作了专栏研究与宣传。此外,《幼儿教育》还重视介绍国外的幼儿教育,在借鉴外国经验的同时不唯洋是崇、盲目照搬,有些文章还作了较深入的比较研究或剖析。

4. 实用,并寓指导性、可读性于实用性之中

为了满足多数读者学了就能用的迫切要求,在幼儿园教育方面,《幼儿教育》围绕贯彻各时期《纲要》的精神,着重介绍运用多种教育手段实施教育内容与要求的经验。重视组织刊发在幼教实践中积累深厚、感悟深切的一线实践者的稿件。与一些幼儿园的特级教师如李慰宜、徐苗郎、邵黎柳等保持密切联系,经常刊发她们鲜活的实践经验类文章。这些文章对幼教一线工作者具有较强的实践指导作用。

5. 信息量大,图文并茂,生动活泼

编辑部着意在有限的印张中向读者提供尽可能多的信息,除精编文章外,还在版面上精打细算,以增加容量。版面的安排力求条理清晰,主次得当,活泼清新。重视使用图稿和照片,做到图文并茂。此外,根据本期刊读者大多为女性的特点,在四封和内芯版式设计上,讲求清新活泼和落落大方。

总之,《幼儿教育》在 20 余年间,积极发挥了刊物的舆论导向作用,及时跟踪政府有关幼教政策动向,及时反映幼教改革与发展动态,积极主办和参与国际国内各级各类学术研讨活动,对全国幼儿教育事业的健康繁荣发展特别是幼教理论发展作出了重要贡献。同时,还深入调查,及时了解和反馈读者的阅读需求,加强与读者的联系与互动,努力使刊物贴近读者,努力寻找新的经济增长点,使刊物在服务幼教界的同时自身也获得良好的效益。

附:改革开放后创立的较有代表性的民办幼儿园

春华幼儿园

春华幼儿园由退休教师金爱莲于 1982 年创办于乐清县虹桥镇,是浙江省第一所由群众集资联办的股份制幼儿园。创办之初仅有园资 4000元,无力置办园舍,故租民房为园址。首届招收幼儿 72 名,设 2 个班,延聘教师 4 名。

1983 年获镇东街地基后,通过教师集资、借贷等方式筹资建园舍,次年初新园落成。时任乐清县委书记的吴正平赋诗云:"春华幼儿园,誉满乐清县。白手创大业,红心莫小观。利人众口赞,忘我美名传。事物新生好,大家来扶援。"

作为浙江省最早的股份制幼儿园,该园的举办和发展受到了社会各界的重视与扶持。全国妇联、中央教育科学研究所等单位领导曾到园考察,《中国妇女报》《家庭教育》等媒体曾报道春华幼儿园办园事迹,各地幼儿园派员来"取经",春华幼儿园以民间办学的形式解决乡镇幼儿入托难问题的办园模式一度被称为"春华模式"。创办人金爱莲被评为全国优秀教师,获"浙江省女能人"称号。其间,幼儿园多次被评为浙江省、温州市先进集体、文明卫生单位等,被确立为民办示范性幼儿园。

目前幼儿园有教职工 30 余人,在园幼儿 300 余名。

宁波市宝韵音乐幼儿园

宁波市宝韵音乐幼儿园是由港胞孔爱菊女士和孔庆隆先生姐弟俩于 1990 年捐资兴建的一所音乐幼儿园,隶属宁波市妇联。

幼儿园把"以美健体,以美益智,以美养德,以美陶情"作为办园特色,以"服务幼儿、服务家长、服务社会"为质量方针。2002年,为贯彻国家托幼一体化的办园方针,创办宝韵早教园。2004年,引进外教,创办国际班。幼儿园在培养幼儿音乐素质和全面发展方面作了有效的探索,根据艺术教育"启其蒙而引其趣"的特点,开设了钢琴、电子琴、小提琴、爵士鼓、古筝、扬琴、二胡、琵琶、舞蹈、声乐、美术等11个专业。累计有500余名幼儿在浙江省、宁波市乃至全国获得各类奖项,其中有9名幼儿获浙江省第一至五届"明珠杯"钢琴比赛一等奖。有11名幼儿考入上海音乐学院附小、附中等校,2名幼儿分别到加拿大皇家音乐学院和澳大利亚音乐学院深造。

幼儿园是宁波市幼教系统中首家通过ISO 9001质量管理体系的认证园,是浙江省首批示范性幼儿园、浙江省巾帼建功示范岗、浙江省幼儿体操训练基地、全国首批家庭教育指导实验研究基地、宁波市"三八"红旗先进集体、宁波市未成年人思想道德建设先进家长学校、宁波市六星级幼儿园。

目前幼儿园有3个园区40余个班的办园规模,在园幼儿1000余名。

杭州笑笑幼儿教育集团

杭州笑笑幼儿教育集团位于杭州市萧山区,成立于2003年9月,由童永榕于1996年创办的笑笑幼儿园发展而来,是浙江省首家民办幼儿教育集团,也是萧山区第一家获得省示范性幼儿园称号的民办幼儿园。

1996年笑笑幼儿园开办后,相继连锁开办了笑笑银河幼儿园、笑笑红领巾托送部。2003年在已有园区的基础上成立杭州笑笑幼教集团。集团成立后又相继创办了笑笑春波幼儿园、笑笑闻堰中心幼儿园、笑笑金茵幼儿园和《中国民办教育(幼教版)》杂志社、笑笑猴童装公司等相关产业,形成了多元化发展的格局。

集团及其下属的幼儿园先后获得全国优秀民办幼儿园、全国民办非企业单位自律与诚信建设先进单位、浙江省示范性幼儿园、浙江省优秀民办幼儿园、浙江省卫生先进单位、浙江省绿色学校、陶行知思想实验基地、杭州市花园式单位、杭州市绿化先进单位、杭州市档案管理一级达标单位、萧山区五星级幼儿园等称号。

目前集团有6所幼儿园、1个艺术培训中心、1个幼教杂志社和1家童装公司等分支机构,共有教职工300余人,在园幼儿2000余名。

第五章 人物——浙江籍幼儿教育家的理论与实践

第一节 筚路蓝缕,开创先河——陈鹤琴

陈鹤琴(1892—1982),浙江上虞人。我国现代教育史上著名的儿童心理学家和幼儿教育专家。他开创了我国儿童心理、学前教育的科学研究工作,并促使家庭教育科学化,幼儿师范教育系列化。他是我国学前教育和儿童心理研究的开拓者,与张雪门被并称为"南陈北张",是我国幼儿教育界的奠基人之一,为幼儿教育的中国化、科学化作出了重要贡献。

一、开创儿童心理学的实验①

陈鹤琴于1918年获美国哥伦比亚师范学院教育学硕士学位,学成归国后在南京高等师范学校任教育科儿童心理学和教育学教授。他在高校首先开设"儿童心理学"课程,介绍了当时许多国外知名心理学家的研究成果,并最早运用观察实验的方法,系统研究我国儿童的心理发展,成为中国现代儿童心理学研究的拓荒者。1920年12月26日,长子陈一鸣呱呱坠地。他既是慈爱的父亲,又是严谨的研究者,对一鸣从出生之日起进行了长达808天的连续观察和实验,就幼儿的动作、好奇、模仿、游戏、言语、记忆、想象、知识、能力、思维等方面的发展过程进行了详细的文字记录,并配以相应的摄影实录。后陈鹤琴根据所积累的资料,比照西方儿童

---

① 唐淑、钟昭华主编:《中国学前教育史》,人民教育出版社1993年版,第245页。

心理学家的研究成果,写成《儿童心理之研究》一书（由商务印书馆于1925 年出版,1996 年上海书店出版社据该版影印出版）,初步揭示了中国儿童发展的特点,并把它作为教育实施的根据。

20 世纪 50 年代初,陈鹤琴在对中国儿童进行实证研究的基础上,结合教学完成了"儿童心理学"讲稿,进一步系统论述了儿童从新生到长成的心理发展的一般规律与年龄特征,揭示了儿童身体、心理以及道德发展等方面的变化过程,并在此基础上提出了科学的教育策略。正是陈鹤琴对我国儿童心理学的开创和扎实的研究,为我国儿童教育科学化提供了坚实的基础。

二、开展幼稚园课程的研究[①]

1922 年壬戌学制颁布,学前教育被正式列为初等教育的一部分,有了自己独立的位置。而我国当时仅有少量的学前教育机构,且大多是"教会式"幼稚园与"日本式"幼稚园,不能满足社会与儿童身心发展的需求。为探索我国儿童身心发展的特点和规律,开创中国自己的幼儿教育事业,陈鹤琴于 1923 年秋得到东南大学教育科的资助,以自家住宅的一部分作为校舍,成立了南京鼓楼幼稚园,自任园长,并聘请东南大学讲师洛林斯为顾问,聘请甘梦丹等任教师。1925 年春,陈鹤琴深感园舍过小,难以充分实施实验计划,遂发起募捐,筹资购地建新校舍。是年秋,与陈宅相邻的新园舍落成开办。新建的鼓楼幼稚园为东南大学教育系实验幼稚园,是我国第一所幼稚教育实验中心。在这里,陈鹤琴与张宗麟等有志之士付出了艰辛的努力,开创了幼儿教育科学研究的先河,展开了一系列中国化幼稚园教育的实验探索。1925—1928 年,他们进行了以下几项实验研究:

（1）读法研究。通过读法实验,认为只要适应幼儿的兴趣需要,采用游戏的方式方法,可以进行读法（识字）教学,并编订共计 254 字的《幼儿读法字汇表》。

（2）设备研究。经过研究,提出了比较完备的幼稚园设备表和最低限度设备表各一份,设计并创新了一整套设备。

---

① 李永鑫主编:《绍兴名士评传》,远方出版社 2002 年版,第 449—451 页。

（3）故事研究。认为故事能满足儿童的好奇心,能激起儿童的想象力,适合儿童学习,应充分利用故事作为教育手段,并创作和改编了许多故事。

（4）课程研究。此项研究共经历了散漫期、论理组织期、中心制期三个阶段。中心制课程的特点是以大自然、大社会为中心,组成一个个单元,通过常识、故事、音乐、游戏、工作等各项活动进行教育,使课程既有整体性、计划性,又有灵活性。

（5）习惯研究。对卫生习惯、做人的习惯等进行研究,提出93条要求。

（6）技能研究。通过对技能的练习与研究,提出关于生活游戏运动、表达思想、日用常识诸方面的92项技能要求。

（7）幼稚生生活历的研究。通过研究对儿童在园一天、一周、一月及全年的活动内容和程序,对各时间段的幼儿生活分别作了比较系统和合理的安排,制定了"幼稚生生活历"。

由此可见,鼓楼幼稚园的实验研究是全面而富有成效的。该园通过实验出版的刊物、书籍、教材,深受幼儿教育界的欢迎。1927年,陈鹤琴在鼓楼幼稚园实验的基础上,发表《我们的主张》一文。该文以纲领性的文字总结提出了适合我国国情与儿童心理教育原理的办园主张15条。这些主张蕴涵着十分丰富的思想,全方位勾勒出中国化幼稚园的办学方针(第一条)、目标要求(第六、七条)、教材组织(第三、四、五条)、教学方法(第十、十一、十二条)、师资培养(第十三、十四条)、评价标准(第十五条)、家园关系(第二条)和环境设备(第八、九条)。正是这些主张使20世纪20年代末我国的幼稚园有了自己的办园标准,为我国学前教育走向中国化和科学化的道路奠定了基础。

1928年5月,在蔡元培主持召开的第一次全国教育会议上,陈鹤琴与陶行知共同提出"注重幼稚教育案",以唤起国人对幼稚教育的重视。同时,他受国民政府大学院(后改为教育部)之聘,任全国中小学课程暂行标准起草委员会委员,负责全国幼稚园课程标准的草拟和制订工作。教育部于1929年8月颁布的《幼稚园课程暂行标准》就是在他主持下根据南京鼓楼幼稚园的课程实验成果拟定的,经过试行,1932年作为《幼稚园课程标准》正式公布,对我国 20 世纪三四十年代的学前教育产生了重要影响。

三、首创公立幼稚师范教育[①]

早在 1927 年 3 月,陶行知创办南京晓庄试验乡村师范学校,陈鹤琴任该校指导员及第二院(幼稚师范院)院长,并与张宗麟等合力支持陶行知创办燕子矶幼稚园,开辟了我国第一所乡村幼稚教育实验场地,从事推广中国乡村幼稚园的工作。是年 6 月,陈鹤琴应南京特别市教育局局长陈剑修之聘请,任该局学校教育课课长。1928 年 9 月,陈鹤琴应聘赴上海主持公共租界工部局的华人教育,为争取华人教育权而不懈努力。

陈鹤琴在长期教育实践探索的基础上,通过对欧美新教育思想的吸收与再创造,于 1939 年在《小学教师》发刊词中提出"活教育"思想,希望能以前进的、自由的、活泼的、有生气的"活教育"改造陈腐僵化的"死教育"。1940 年 4 月,他怀着"要做事、不做官"的心愿,不受教育部国民教育司司长之职,辗转来到江西泰和城郊——文江村大岭山,筹建幼稚师范学校,以实验"活教育"思想和实现由中国人民自己培养幼儿教育师资的宏愿。大岭山是一座荒山,遍地野草。因为当时的办学经费只有 2.5 万元,在如此艰苦的条件下,陈鹤琴决心以"最少的钱来办最好的学校"。他克服各种困难,自己规划设计校址,选购建材,开山筑路,建造校舍,并从各地聘请了一批热心教育事业、有实干精神的教师。是年 10 月 1 日,我国第一所公立幼稚师范学校——江西省立实验幼稚师范学校正式开学,录取新生 138 名,设 3 个班级,定名为"创造"、"光明"和"服务",由陈鹤琴任校长。因校舍、设备等建设均未完成,陈鹤琴又率师生成立 10 多个建校小组,提倡"手脑并用,文武合一",边学习,边劳动,不久便建成 20 多座简易、美观、实用的教学和生活房舍,还设立了附小、幼稚园及工场、农场等,使荒山变成了一所"活教育"的乐园。陈鹤琴确定活教育的三大目标为:"做人,做中国人,做现代人";"大自然,大社会,都是活教材";"做

---

① 唐淑、钟昭华主编:《中国学前教育史》,人民教育出版社 1993 年版,第 242—243、284—289 页。

中学,做中教,做中求进步"。他设计了一个象征觉醒的幼狮图案作为学校的校徽,还为学校校歌作词。他重新厘定和扩充了教学科目,创设"劳动生活课",提倡活教材、活教学,后于 1944 年春,将全部课程纳入"五指活动",完成了"活教育"课程的体系化建构。

1943 年 2 月,经陈鹤琴奔走努力,江西省立实验幼稚师范学校被批准改为国立幼稚师范学校,增设幼稚师范专修科,培养幼教师资和研究人才。国立幼稚师范包括专科部、师范部、小学部、幼稚园、婴儿园等五部分,还附设国民教育实验区,形成了完整的幼稚师范教育体系。这个体系的每一部分都凝聚了他的心血,寄托了他救国爱民的宏愿。正因为如此,他对幼师就像母亲对待孩子一样,即使在生死危急关头,也不愿割舍分离。1944 年,日寇入侵赣江两岸,陈鹤琴迁校至赣南。1945 年初,局势再度紧张,他率领师生及家属 200 多人历尽艰辛,长途跋涉,于 3 月在广昌县甘竹乡饶家堡重建校园。

1945 年 8 月,抗战胜利的喜讯传到江西,陈鹤琴和全校师生一起欢呼庆祝。9 月,他应上海市教育局局长顾毓琇邀请回上海,担任市教育局督导处主任督学,负责接管外国人办的中小学 30 多所。11 月,他被上海市政府委任为新创办的上海市立幼稚师范学校校长,兼办幼师附小及附属幼稚园。12 月 24 日,上海市立幼稚师范学校正式开学。1946 年 6 月,经陈鹤琴一再争取,在江西的国立幼稚师范学校专科部得以迁到上海,并改称国立幼稚师范专科学校,由他兼任校长。1947 年 2 月,上海市立幼稚师范学校更名为上海市立女子师范,加设普师班。这些教育机构以上海市立女子师范为核心,成为陈鹤琴实验"活教育"的新基地。同时,他还复办了《活教育》月刊,撰写了《活教育——理论与实践》《活教育的创造》《活教育的教学原则》等文章,建立了"活教育"的理论体系。如果说"活教育"在江西是以探索实验、总论为主,在上海则以实施推广、完善发展为主。在原实验宗旨的基础上,陈鹤琴对幼师提出了更加具体的教育目标:"锻炼强健身体,陶融道德品格,培养民族文化,充实科学智能,养成勤劳习惯,启发研究儿童教育之兴趣,培养终身服务教育之精神。"在课程改革实验中,他全面实行"五指活动"新课程方案,支持学生组织"大姐姐服务团",开展各种自治活动,投身到广阔的大社会中参加各种实践锻炼。

1947年暑期,国立幼稚师范专科学校学生10余人在陈鹤琴大力支持下,先后在沈家楼、孟港巷、杜桥头、姚家庵等地办起了4所农忙托儿所,招收132名婴幼儿,免费收托,精心教养,深受农民的欢迎。后孟港巷、姚家庵两所托儿所发展成为国立幼稚师范专科学校学生从事乡村幼稚教育的实验基地。"活教育"理论的许多原则和方法均符合教育的客观规律,对今天教育的实践仍产生很大影响。

新中国成立后,陈鹤琴对新中国及其教育事业充满信心。他先担任南京大学师范学院院长,1952年院系大调整后,又担任南京师范学院(今南京师范大学)院长兼任幼教系主任,大力发展新中国的师范教育事业。在任职期间,他在统筹全院工作的同时,亲自走上讲台,为学生开设儿童心理学、中国幼儿教育史等课程,结合教学完成了儿童心理学讲稿,进一步系统地论述了儿童从新生到成长的整个过程中所产生的变化,为我国儿童教育科学化奠定了基础,并创立了包括学院附属幼儿园、附属幼儿师范学校、儿童教育研究室、儿童研究室以及附设玩具工厂等一套完整的教学和科研体系,从而使他在20世纪20—40年代奋斗了30年未能完全实现的理想,在新中国成立后的短短几年内都得以实现。

第二节　毕生不懈,弥见精诚——张雪门

张雪门(1891—1973),浙江鄞县(今宁波市鄞州区)人,我国现代著名幼儿教育家。早在20世纪30年代,他就与陈鹤琴被称为"南陈北张",是我国幼儿教育界的奠基人之一。他毕生执著奉献于幼教工作,治学严谨、著述丰富,写下了多达200余万字的幼儿教育论著,都是他实践经验的结晶,对我国乃至东南亚地区的幼儿教育作出了重要的贡献,产生了重大影响。

一、开办早期幼稚园的尝试①

第一次鸦片战争以后,宁波成为五个通商口岸之一,英、美、法等国人通过教会势力,在宁波各地先后办起了一批幼稚园和教会学校。这些学校的建立,主观上是出于文化侵略的目的,向幼儿和青少年灌输西方宗教意识,实施奴化教育,客观上却引起了国人对幼儿教育的关注。当时在宁波的有识之士,对此深感痛心,遂积极筹办中国人自己的幼稚园,张雪门便是其中重要的实践者。1918年,鄞县旅沪富商蔡琴荪出资400元,在县城府桥街55号墙门内创建了蔡氏星荫幼稚园,张雪门被聘为园长,张琼英为保姆主任,谢冬梅和令云仙为助教。当年招收幼稚生30名,学制一年,毕业后发给证书,课程设礼仪法、识字、认数、唱歌、手技、谈话、游戏、体操等。办园宗旨是"培植爱国新人,辅助家庭教育"。学费全年4元,果饵手工劳作成本费2元。《时事公报》还记载,星荫幼稚园开办后成绩卓著,有多届幼稚生毕业。1922年,星荫幼稚园由鄞县议会接办,改为鄞县县立星荫幼稚园。继星荫幼稚园之后,宁波城区又先后创办了育德、崇德、圣模等幼稚园。到1930年,已有翰香、群学、甬北、玛瑙等9所幼稚园,并在同年5月24日成立了宁波市幼稚教育研究会,这也是全省最早的一个幼儿教育研究社团组织。

张雪门早年在家乡宁波开办幼稚园的尝试,不仅大大发展了宁波国人自办幼儿教育的力量和水平,也为其今后一生的幼儿教育实践奠定了经验、兴趣和志向。

二、开拓幼教生活化的研究

张雪门主张"生活即教育"。为在幼儿教育中实现这一主张,自1929年始,张雪门致力于幼儿教育"生活化"的研究,创立幼儿园行为课程,而其后40年的研究不断完善了以生活化为主要特征的行为课程体系,对中国幼稚园课程研究与实践产生了深远的影响。

---

① 胡审严:《张雪门与近代中国的幼儿教育》,载《浙江万里学院学报》2001年第3期。

　　张雪门认为,研究中国幼儿教育须自己创造,并依据三大原则:一是中国的传统文化;二是民族国家需要;三是儿童心理发展。在《幼稚园行为课程》一书中,他写道:"生活就是教育,五六岁的孩子们在幼稚园生活的实践,就是行为课程。"①他认为这种课程"完全根据于生活,它从生活而来,从生活而开展,也从生活而结束,不像一般的完全限于教材的活动"。② 幼儿园课程首先应注意的是实际行为,凡扫地、抹桌、熬糖、爆米花以及养鸡、养蚕、种玉蜀黍和各种小花等能够让幼儿实际行动的,都应该让他们实际去行动。因为"从行动中所得的知识,才是真实的知识;从行动中所发生的困难,才是真实的问题;从行动中所获得的胜利,才是真实的制驭环境的能力"。③ 同时幼儿只有通过这种实际行为,才能使个体与环境接触,从而产生直接经验,这种经验也可以说是人生的基本经验。他还特别说明,"幼童一定先有了直接经验,然后才可以补充想象"。④ 至于游戏、故事、唱歌等教材,虽然也可以给予幼儿模仿和表演的机会,但并不能代表人类实际的行为。所以,他要求教师一定要注意儿童的实际行为,要"常常运用自然和社会的环境,以唤起其生活的需要,扩充其生活的经验,培养其生活的能力"。⑤ 他认为"若教师真能做到这样,这便是行为课程了"。⑥

　　对于行为课程的组织与实施,他在《中国幼稚园课程研究》一书中指出,组织幼稚园课程"须和儿童的生活联络。是有目的有计划的活动。事前应眼准备应估量环境,应有相当的组织,且需要有远大的目标。各种动作和材料全须合乎儿童的经验能力和兴趣。动作中须使儿童有自由发展创作的机会。各种知识技能兴趣习惯全由儿童直接的经验中获得"。⑦他还指出,幼稚园课程的实施要旨是以行为为中心,以设计为过程;主张

①　张雪门:《增订幼稚园行为课程》,台湾书店 1966 年版,第 1 页。

②　同上。

③　何晓夏编:《简明中国学前教育史》,北京师范大学出版社 1990 年版,第 252 页。

④　同上。

⑤　同上。

⑥　同上。

⑦　张雪门编:《中国幼稚园课程研究》,台湾童年书店 1970 年版,第 7—8 页。

采用单元设计的方法,打破各学科的界限。

总之,张雪门对幼教生活化的开拓研究,不仅在理论上给予充分的论证与阐述,在其教学实践中也贯穿始终,无论是香山与艺文幼稚园的课程实践,还是北平(今北京)幼师生举办的平民幼儿园及乡村试验区的农村幼儿园的举办,都深深渗透了"生活即教育"的教育理念。这些理念与实践对学前教育来说,比较适合学前儿童的特点,具有积极意义。

三、培养实践型的幼稚教师[①]

张雪门是我国幼儿师范教育的先驱,自1921年与友人创办宁波湖西幼稚师范开始,他相继举办了孔德幼稚师范、北平幼稚师范、广西幼稚师范。1946年后,他在台湾仍继续培训幼儿师资。他培养出来的幼儿师资遍及中国北方各省及台湾地区,深受欢迎。他在近60年的幼儿教育实践中充分认识到幼儿师范教育的重要性,并为之奉献了毕生精力。其中培养实践型的幼稚教师是其幼师实践的最宝贵的经验和特色。

张雪门特别重视幼儿师范教育的实习和见习。他办幼师有明确的培养目标,即培养服务于实践、能为普及平民幼儿教育和广大农村幼儿教育、为造就新一代国民而献身的幼儿教师。这样的教师必须具有实践应有的熟练的技能和勇于献身的精神。他办幼师,按照"教学做合一"的教育理论,反对传统师范教育的做法,主张第一年即应有实习课,边接触实际,边进行理论学习,然后又进行实践。这种"实践—理论—再实践"的训练师范生的办法,对我国目前师范教育的改革仍有参考价值。

早在主持北平孔德幼稚师范时,他就悟出一个道理:"骑马者应从马背上学",幼儿园教师应在幼儿园的教、学、做活动中学习幼儿教育。因此,他让师范生利用半日制幼儿园的设备办平民幼儿园,在办平民幼儿园中学办幼儿园。他让师范生经常到幼师所设的中心幼儿园进行各种实习活动;他借用一些蒙养园、小学、幼儿园扩大实习场所,让师范生拥有实际从事各种教学做活动的机会。他让三年级毕业班学生最后一学期到乡村教育实验区从事实习,在实验区举办了季节性托儿所、幼儿园、小学妇女

---

① 戴自俺:《张雪门先生生平及其幼儿教育思想》,载《幼儿教育》1991年第3期。

班、成人班等民众教育机构,实施以"抗日救亡"为中心的生活教育,在农村的实践中接受锻炼,以坚定其为广大贫苦儿童服务的信念与决心。他组织师范学校各科教师,围绕师范生在幼儿园的实习中需要的知识与技能进行指导与培养。他还十分关心毕业生的工作情况,与毕业生有经常性的联系及交流。北平香山慈幼院的毕业生每年回院一次——过"回家节",平时还可以回母校听专家讲演、参加学术讲座等活动。在广西期间,幼师学生学习期满后只发"结业证书",毕业后到社会去服务,每月有工作汇报寄回师范部,母校有《辅导通讯》继续帮助毕业生解决各种疑难问题。一年之后经考核及格,才发给"毕业证书"。因此,他所培养出的幼师学生,独立工作能力很强,技能技巧熟练,特别是专业思想较为巩固,得到了社会的好评。在新中国成立以后,在北京、西北、华北一些省区,当年所培养的幼师学生很多都成了各地的幼教骨干,为建设新中国社会主义的幼儿教育作出了积极的贡献。

第三节 躬耕一线,继往开来——张宗麟

张宗麟(1899—1976),浙江绍兴人,我国著名的幼儿教育专家。作为陈鹤琴和陶行知的学生和助手,他躬耕一线,积极参与了两位师长的许多实验研究,并对学前教育基本理论进行了深入的探讨。他的实验研究成果和学前教育论著,为我国学前教育的发展作出了重要贡献,产生了积极影响。

一、勇当幼儿园男教师第一人[①]

1921 年秋,张宗麟以优异成绩考入南京高等师范学校教育科(后改为东南大学教育系),师从陶行知、陈鹤琴等知名教授。他勤奋好学,勇于探索,为全校师生所器重。1925 年夏毕业时,好几位教授想选他为助手,但他毅然决定跟随陈鹤琴研究幼儿教育。20 世纪 20 年代的大学毕业生凤毛麟角,为社会所刮目相看,很多人以为张宗麟从此可飞黄腾达。然

---

① 张沪:《中国第一位男性幼儿园教师》,载《幼儿教育》1991 年第 11 期。

而,谁也没想到他决定研究幼儿教育。消息传来,顿时全家十分反对:"什么? 大学生去看孩子,有什么出息?"已任兵工厂厂长的大伯父气得拔出手枪要打死他。但他理直气壮地说:"盖房子要在基础上下功夫,教人也要在幼小时来教育。要改变中国的愚昧落后,就要教婴孩儿!"他的意思是教育儿童要于婴孩时期开始,婴孩的可塑性最强,进行教育可以事半功倍。他认为幼儿教育是一切教育之本,是培育人才的基础,但又是最不被国人重视的环节,同时,他痛心地看到这一领域为帝国主义传教士所把持,因此不顾社会的轻视和家庭的阻挠,成为我国幼教史上男大学生当幼儿园教师的第一人。

1925—1930 年,张宗麟先随陈鹤琴在南京鼓楼幼稚园搞幼稚教育实验,后随陶行知先生创办晓庄乡村师范学校。他曾深入调查了南京、苏州、杭州、绍兴、宁波等 5 个城市 16 所幼稚园和 2 所育婴堂的情况,撰写了调查报告《调查江浙幼稚教育后的感想》。报告中指出了当时幼儿教育普遍存在的全盘西化的问题——这不符合中国国情,不适用于中国儿童。他提出要办中国人自己的幼儿教育。由此,他回到南京,立刻在陈鹤琴主办的鼓楼幼稚园开始了幼稚教育研究工作。

20 世纪 20 年代的中国,幼儿教育问题很多,张宗麟一方面赴各地调查探访,一方面协助陈鹤琴在鼓楼幼稚园等实验基地从事研究,同时兼任宁波启明女子中学校长。他与陈鹤琴就像神农尝百草一样,通过实验,在众多的教学法中选择适合中国儿童的幼儿教学法。他们试行了教师准备环境,吸引儿童自由活动的方法,也试行了完全由教师组织进行活动的方法,还尝试按时间确定中心、机动灵活又有组织的教学法。仅读法教学法就试行了 7 种,并根据对幼稚生的教育和观察列出 7 个表 184 条。1926—1928 年,张宗麟写了《幼稚教育概论》《怎样编制幼稚园的课程》《课程试验报告》《幼稚园里的几种读法教学法》《幼稚园的故事》《幼稚园的常识》《幼稚生生活状况的实例和讨论》等专著或文章。鼓楼幼稚园的研究成果成为教育部于 1929 年 8 月颁布的幼稚园课程暂行标准的依据。

1928 年初至 1930 年春,张宗麟到晓庄乡村师范学校担任指导员及指导员主任,并协助陶行知举办燕子矶、晓庄、和平门等乡村幼稚园,进行创办"中国的省钱的平民的幼稚园"的探索。他们用蚕沙、谷糠、桃核、旧报纸、破布片、鸡毛、棉花等做成各种教具,布置了一个乡村儿童人人爱来的"儿童乐园"。他们自己编儿歌、教材,从日常生活中选择有意义、有趣味的活动来组织中心课程,使孩子们通过活动学会生活,学会劳动,了解社会,增长知识。

二、探索社会化的幼儿园课程①

张宗麟经过较长时期的幼稚园课程实验,对幼儿园课程和社会化的幼儿园课程进行了探索。他指出,"幼稚园课程者,由广义的说之,乃幼稚生在幼稚园一切之活动也",其范围"包括一切教材、科目、幼稚生之活动"。他认为幼稚园课程之分野有两种:一种是以儿童活动分类,包括开始的活动,即幼稚生初入园时必须养成之习惯,亦为人生最基本之习惯,如放手巾、认识老师和同学初步的礼节等;身体的活动,亦即健身之习惯与技能,如卫生习惯和走、跑、跳等;家庭的活动,即反映家事和家庭关系的娃娃家游戏、建筑游戏等;社会的活动,即养成公民所必需的各种纪念日活动和同伴交往等;技巧的活动,即自我表达的活动,如手工、图画、整理打扫等。另一种是以学科分类,把儿童活动分为各种学科,包括音乐、游戏、手工、自然等科目。但不论是以"活动"分类,还是以"科目"分类的课程,根据上述对课程的广义理解,教师都不应拘泥于某时当教何种课程,而应动静交替地安排好儿童每一日的活动。一般每日可安排一两次团体作业,除午餐、午睡外,不必有规定的时间表,但教师必须胸有成竹,懂得在某时期宜如何作业。

张宗麟在《幼稚园的社会》(由商务印书馆于1933年出版)一书中提出了社会化的幼儿园课程的主张。他指出幼稚园各种活动都应当是倾向于社会性的,因为教育的灵魂乃在于养成适合于某种社会生活的人民。所以在幼稚园里不仅应设置"社会"这个科目,而且幼稚园的一切活动,从广义上讲,都可以说是"社会",都应有社会性,即便是"自然"科目也绝不是纯粹去研究自然,必定是与人生有密切关系的自然研究。正是从这个

---

① 唐淑、钟昭华主编:《中国学前教育史》,人民教育出版社1993年版,第299—300页。

意义上来分析,他认为幼稚园的课程应是社会化的幼稚园课程。

关于社会化的课程应包括的内容,他指出共有 7 类:(1)关于衣食住行等生活需要和卫生方法,以及家庭、邻里、商铺、邮局、救火组织、公园、交通机关等社会组织的观察研究及本地名胜古迹的游览;(2)日常礼仪的演习;(3)纪念日和节日的研究举行;(4)对身体各部分的认识和简易卫生规律的实践;(5)健康和清洁的查察;(6)对党旗、国旗、总理遗像等的认识;(7)集会的演习(以培养公正、仁爱、和平的精神为主)。

为了使社会化课程能够更好地促进幼儿社会性的发展,他还强调在实施过程中应特别注意几点:(1)培养儿童具有互助与合作的精神。他指出,人类正是因为有互助和合作才能生存和发展。同时他认为互助与合作是有区别的。互助是无条件的,无当时或直接的报酬,如儿童在荡秋千时的相互帮助,就属于这种性质;合作则是有条件的,如儿童在玩搭房子游戏时的相互配合就属于这种性质。从教育的观点来看,前者胜于后者,而二者又都远胜于竞争。(2)培养儿童具有爱和怜的情感。他指出爱是有生气的,是双方的,可使被爱者产生力量、培养力量,如亲子间、师生间的爱;怜则是单方面的,如同情弱小和残疾者。从教育的观点来看,前者比后者积极,而二者又都与自私自利相悖。他认为倘若把幼稚园的活动变成是为个人的自私自利,或为某一阶级的自私自利,那就是走入死胡同。(3)培养儿童具有顾及别人的思想。他指出幼儿对“别人”这一概念的理解是不很深切的,他们在活动中往往会自顾自,为此我们要随时教育孩子顾及别人,包括一切玩具与他人共玩、不扰乱秩序、不打断他人说话等。

三、探讨幼儿教师的培养模式①

张宗麟十分重视教师的培养和训练。他认为幼稚园教师的任务,实际上重于小学教师。它包括:(1)养护儿童。(2)发展儿童身体。(3)养成儿童相当之习惯。(4)养成儿童有相当之知识与技能。(5)与家庭联

---

① 唐淑、钟昭华主编:《中国学前教育史》,人民教育出版社 1993 年版,第 301—302 页。

络并谋家庭教育改良之方。(6)研究儿童。其中尤以养护儿童为幼稚园教师最重要的责任。为此,必须对幼稚园教师进行专门的培养和训练。

幼稚园教师的培养主要是通过幼稚师范学校进行的。为了使幼稚师范能够培养出健全的幼稚园教师,他对幼稚师范的设置、招生条件、课程安排都提出了明确的要求。

首先,他认为师范教育为我国国家事业,绝对不能容许外国人、教会或私人包办,国家对师范教育应负完全责任,幼稚师范自然也不例外。因此,对外国教会所办的幼稚师范,政府宜急令其立即停办,同时在各省宜从速筹设幼稚师范。

其次,他认为幼稚师范应以培养健全的幼稚园教师为目的,招收初中毕业以上学历程度之学生,学生年龄应在16岁以上,身体健康,富有爱国心,真诚爱儿童,有优良基本知识和技能变换之思维者;对他们进行三年或两年之专门师范教育。同时他还特别指出,幼稚园教师非为女子之专业,必须有男子加入。这在当时无疑是一种很富有创见的主张。

张宗麟还认为,幼稚师范为了培养健全的幼稚园教师,决不能搬用教会设立的幼稚师范那种养成牧师式教师的课程,为此,他对幼稚师范的课程设置进行了设计细分出了。公民训练组、普通科学组、语文组、艺术组、普通教育组和专门教育组。

张宗麟还指出要成为一名优秀的幼稚园教师,只靠在学校中几年的学习还是不够的,还必须随时修养,以谋合于潮流,以求其业之进步。幼稚园教师的修养包括许多方面,有品性上的,有学问上的,也有能力、技术和其他方面的。他认为幼稚园教师在品性上应继续如求学时代之朴素诚笃,在知识上须多读书,每日规定读普通书报几种、教育书报几种、幼稚教育书报几种,同时要与本区幼稚教育联络,如参加研究会、俱乐部,定期讨论最近幼教趋势,交流心得,也可以利用暑假集中一段时间进行学习,此外,还应当正确处理家庭与事业的关系。

第四节 学贯中西,一方精英——
浙籍幼教家之文化分析

以陈鹤琴、张雪门、张宗麟为代表的浙江籍幼儿教育家群体,他们自小浸润成长于浙江浓郁的文化氛围中,秉承了浙江求实进取的地方文化精神,又接受了西方民主与科学思想的教育,可谓学贯中西。他们在共同的教育救国的历史使命感召下,来到现代幼儿教育这块未开垦的处女地辛勤拓荒,孜孜以求,奉献一生。正是他们的不懈耕耘,极大地推动了我国近现代幼儿教育从无到有的不断发展壮大的进程。他们是我国现代幼儿教育的开拓者和奠基人,为幼儿教育中国化、科学化作出了重要贡献,可谓一方精英。

一、家乡地域的人文熏陶

陈鹤琴、张雪门、张宗麟都出生于浙江的宁绍平原,他们分别出生于1892年、1891年和1899年,几乎生长于同一个时代。这个时代是中国社会近代化的重要变革时期,无论政治、经济、教育等社会的方方面面都发生了巨大的变革,尽管这种变革不是很稳定,而且也不彻底,但古老的中国还是蹒跚地走向了现代社会。陈鹤琴出生于上虞县百官镇的小商人家庭。六岁时父亲去世,母亲张氏领子女艰苦度日。贫寒的家境使他感到"人生非奋斗,没有出路"[①],锻造了他的奋进之心。陈鹤琴八岁进私塾,前后共六年的私塾生活使他受到传统文化的熏陶,拥有了良好的国学基础。张雪门是鄞县西乡人,幼年在家聘请私塾先生启蒙读书,时间约七八年,读过《四书》《易经》《诗经》《左传》等古文、古诗选等,国学根底颇深。张宗麟4岁即从姑母认字读诗,接受传统教育。可见,三位教育家从小都在家乡受到了良好的传统文化教育。

浙江历来享有"文化之邦"的美誉,宁绍平原又是浙东人文荟萃之地,地富人淑,英杰辈出。古有百越文化传世,明清浙东学派求实进取之学风

---

① 陈鹤琴:《我的半生》,江西省教育用品厂1941年版,第50页。

绵延不绝。浙江民间素有重视蒙学之传统,蒙学自古以来就十分发达。早在东汉,上虞已经出现了蒙学性质的书馆,汉以后不断得以发展,宋元时期达到高峰,蒙学机构遍及城乡,不仅有官办的小学,还有大量民办的义塾、家塾等,五六岁的小孩皆可入学。明清之际的蒙学与科举相当兴盛,一直居于全国前列。清末的兴学运动也以兴办小学堂为基础,其中大量的小学堂是由民间原有的私塾、社学改造而来的。可见重视童蒙教育已成为浙江地域民风之重要特征,这为浙江幼儿教育家的诞生奠定了深厚的人文环境和文化底蕴。

20 世纪 30 年代年代被誉为"南陈北张"的两位幼儿教育界的奠基人陈鹤琴、张雪门和他们的学生张宗麟都来自于宁绍平原,来自于浙江,这并不是一种巧合,而是地域文化与时代精英的荟萃造就了这些幼儿教育界的奠基人,从而开创了我国幼儿教育事业。首先,浙江东南沿海,宁波为最早的通商口岸,得西方影响开风气之先,为教育西风东渐之重地。近代西式幼稚园与重要的早期幼教师资培训机构——女学在浙江较早出现。19 世纪 80 年代,外国教会就在宁波等地开办小孩察物学堂(即幼稚园);1844 年,美国传教士爱尔德赛在宁波创办女塾,培养了一些幼稚园保教人员。早期的西式女学与幼稚园在宁波等地的开办,客观上开风气之先,为国人举办近代幼儿教育机构提供了借鉴,从这个意义上说,对浙江幼儿教育的萌生起了一定积极作用。浙籍的教育家自小就对新颖的女子教育与儿童教育耳熟能详,为以后他们充分领悟和认识它们的重要社会意义打下了认识基础和情感基础,这一点是极为重要的。其次,浙江传统文化不仅仅是浙江一地的地域文化,而是以其领先性、创新性和代表性成为我国近现代社会变革和学术转型的重要思想渊源之一。19 世纪末 20世纪初,面对步步进逼的西方经济文化的侵略,觉醒、自强、开明的浙江绅商致力于西式学堂的兴办,使革故鼎新、启蒙民主的思想深深渗透入浙江的地域民风,启迪开化一方莘莘学子和芸芸众生。近代的留学风潮起始于浙江,最早的幼童留美就有浙江的学生,宁波等地成为最早留学生的输出地。大量的留学生学成归国也带来了西方的民主与科学思想。这些都有助于奠定浙江适合于近代社会转型的富有民主色彩的文化氛围与基础。最后,浙江历来为工商业繁盛之区域,明清江南蚕桑丝织业的发达大大提高了浙江妇女的经济与社会地位,使浙江特别是浙北平原的妇女成为中国经济与社会地位最高的妇女群体,为浙江日后成为幼儿教育家的发轫地奠定了深厚的地域历史与文化根基。近代民族工商业的兴起开通了浙江的社会风气,增强了浙江的经济实力,促进了浙江近代的社会转型,某种程度上是近代社会式幼儿教育发生的重要动力之一。张雪门主持的星荫幼稚园就是在鄞县旅沪富商蔡琴孙的资助下才得以举办的。

总之,正是浙江悠久的历史传统、深厚的文化底蕴、开通的社会风尚,使生于斯,长于斯的陈鹤琴、张雪门、张宗麟从小都受到了家乡良好的人文环境的熏陶,为他们日后成就伟业奠定了基本的人格品质与素养。

二、现代教育的文化洗礼

陈鹤琴、张雪门、张宗麟在童年接受了良好的传统教育之后,又都继续求学,进入现代西式学校,接受现代文化教育的洗礼。民主与科学的西式文化教育进一步明确了他们的志向,锻炼了他们日后成就事业的知识和才干。尽管他们各自的求学经历不同,但他们都接受了西方教育思潮的影响,并孜孜以求地把所学的西方先进的教育思想付诸实践。

少年陈鹤琴先入读蕙兰中学、圣约翰大学,后以优异成绩考入清华学堂高等科,毕业后考取庚款留美。先在霍布金斯大学学普通科,后进入哥伦比亚大学专攻教育学与心理学。蕙兰中学、圣约翰大学都是重"西学"的教会学校,在这些学校里,他学习非常刻苦,不仅学到了西方的文化科学知识,还深受耶稣基督的自我牺牲精神的影响,由扬名、谋求个人利益的人生观转到立志要做一番"济世救人"的大事业。少年立志为陈鹤琴日后毕业奉献于教育事业奠定了坚实的人格基础,为他的一生指明了航向。在考取清华庚款留美后,他清醒地认识到庚子赔款是人民脂膏,萌发了爱国爱民的思想。因此,在留学美国的专业选择上,决意学习教育以献身于强国强种的事业中去。陈鹤琴在留学美国期间,志向宏大,求知欲旺盛,"奋发惕励,为国努力"①。在克伯屈、孟禄、桑代克、罗格等名师的指点下,他学习了西方先进的教育学和心理学知识,并深入学习了启发式教育

---

① 陈鹤琴:《我的半生》,江西省教育用品厂1941年版,第52页。

法和实验研究的方法和精神。

　　张雪门是清末的优贡生,后插班进入宁波府中学堂(今宁波一中前身),1911年毕业。毕业后在家乡从事小学、幼稚园和幼稚师范的教学实践。1924年到北京大学任职员,并在教育系旁听教育系主任高仁山教授的课程,连续有一两年时间,主攻研究幼儿教育。1926年,与几位有志于研究儿童早期教育的同志筹组学会研究小组,不久开始进行对福禄培尔的研究,并编译了《福禄培尔母亲游戏辑要》和《福氏积木译文》。张雪门虽没有正规的大学文凭,也没有出国留学,但他生活于受五四新文化运动洗礼、西方教育思想蜂拥而入的变革时代,通过努力学习、翻译和研究,积极接受西方教育思想的影响,特别是"幼儿教育之父"——福禄培尔以及杜威等欧美教育家的影响。他日后所创立的幼稚园行为课程,其重视儿童直接经验的生活化的基本指导思想就是与世界幼儿教育发展思潮完全一致的。

　　张宗麟于1915年考入绍兴浙江第五师范,1917年转学至宁波浙江第四师范,1920年毕业。他在中学时代就深感中国的落后,积极寻求革命道路,1919年曾参加五四运动。1921年秋,张宗麟以优异成绩考入南京高等师范学校教育科(后改为东南大学教育系),师从陶行知、陈鹤琴等名教授,既为他们的学识所影响,又为他们的人格所浸润。他勤奋好学,才思敏捷,勇于探索,并有很强的实践能力,为全校师生所器重。1925年毕业,他决定担任陈鹤琴的研究助手,跟随陈鹤琴研究幼儿教育,在鼓楼幼稚园里协助陈进行幼稚园课程实验。后来,他又跟随陶行知,成为陶行知的得力助手,帮助陶举办乡村教育。张宗麟接受了中等和高等师范教育,是师范生中的佼佼者。他用学到的现代教育知识和才能,躬耕一线,继往开来,既是陶行知、陈鹤琴的学生和助手,又是他们忠诚的战友,是他们思想的继承和发展者。

　　清末,浙江掀起了兴学运动,大量府州县学改建为中学堂和师范学堂,这些传播西学的新式学堂得以举办,为有志青年求学图强提供了教育平台。张雪门与张宗麟则是兴学运动的受惠者。五四新文化运动的开展,使古老中国进入了一个全新的变革时代,许多像陈鹤琴、张雪门、张宗麟一样的青年学子受到新文化的洗礼,投入到救国图强的革命实践中去。

还有浙江社会风气开通,地方高等教育发展较慢,近代以来浙人并不避讳教会学校,也比较重视留学,大量学成归国的留学生为传播西方思想,改造中国之落后面貌作出了极为重要的贡献。陈鹤琴就是其中的一位代表。可见,现代新式的文化教育是成就大批近现代优秀人才的重要推动力。

三、教育救国的时代使命

如前所述,陈鹤琴、张雪门、张宗麟都生长于一个特殊的时代。这个时代中国备受西方列强凌辱,犹如一头昏睡百年的病狮,而无数具有救国强国之志的觉醒的国人都在尝试探索各自的救国良方。其中,教育救国者正是出于满怀救亡图存、强国强种的教育热情,并清醒地认识到现代教育对改造现代社会的重要作用而投身于教育探索与改革的。某种程度上说,教育救国者进行的教育探索与实践,超过了其本身的教育范围,是一种综合的结合政治、文化等社会各方面的变革的探索与实践。如陶行知的乡村教育实践就是其中的一个典型。陈鹤琴、张雪门、张宗麟在他们的青年期都受到教育救国思想的感召,并像陶行知一样用他们的一生践行他们的志向与信念。

陈鹤琴早在圣约翰大学读书期间,就对教会学校表现出的对中国及其传统文化的歧视愤愤不平,从而树立"强国强种"之志。在留学美国的专业选择上,他原打算学医,希望强健国民的身体,但经反复思考,认为"医生是医病的,我是要医人的","我是喜欢儿童,儿童也是喜欢我的。我还是学教育,回去教他们好"[1]。终于,在"为人类服务,为国家尽瘁"[2]志向的指导下,决意学习教育以献身教育救国事业。陈鹤琴与陶行知既是挚友,又是同志,他们在共同的教育救国的志向指引下,进行了新的教育改革实践。陈鹤琴在长期教育实践探索的基础上,通过对欧美新教育思想的吸收与再创造,形成了"活教育"的理论与实践体系,以实现由中国人自己培养幼儿教育师资的宏愿。在他的努力下,我国第一个公立幼稚师

---

[1] 陈鹤琴:《我的半生》,江西省教育用品厂1941年版,第147页。
[2] 同上,第146页。

范学校——江西省立实验幼稚师校得以建立,下设专科部、师范部、小学部、幼稚园、婴儿园等五部分,还附设国民教育实验区,形成了完整的幼稚师范教育体系。这个体系的每一部分都凝聚了他的心血,寄托了他救国爱民的宏愿。在具体的教育实践中,他积极鼓励学生开展各种自治活动,投身到广阔的大社会中参加各种实践锻炼,如举办农忙托儿所,建设乡村幼稚教育实验基地等。"活教育"理论的许多原则和方法都符合教育的客观规律,对今天教育的实践仍产生很大影响。

张雪门早年在家乡宁波看到外国教会式幼稚园对幼儿的不良影响,于是与几位志同道合的朋友一起创办星荫幼稚园和湖西幼稚师范,希望建立中国人自己的幼儿教育。到北京以后,他的思想也经历了一个发展过程。在20世纪20年代,受生活教育思想的影响,他主张在幼稚园课程中贯彻"以儿童为本位"的思想。1931年九一八事变后,张雪门目睹日本帝国主义的军事与文化侵略,特别是看到艺文幼稚园幼儿竟模仿日本浪人对我国人民的残暴行为,他强烈意识到中华民族面临的深重危机,对"以儿童为本位"思想进行反思,提出了"民族改造"与"儿童本位"并重的幼稚教育新理论,提出了改造民族的幼稚教育四大目标:"(一)铲除我民族的劣根性;(二)唤起我民族的自尊心;(三)养成劳动与客观的习惯态度;(四)锻炼我民族为争中华之自由平等而向帝国主义奋斗之决心。"①从中可见张雪门拳拳救国报国之心。1933年,张雪门参加北平社会局组织的幼稚园具体课程实施方案起草工作,提出以改造中华民族为幼稚教育的根本任务。翌年秋,他在北平阜成门外核桃园创办了乡村教育实验区,开办农村托儿所、幼儿园、小学妇女班、成人班等民众教育设施,让幼师生深入农村社会实践,实施以抗日救亡为中心的生活教育。"一二·九"运动中,张雪门积极支持乡村试验区的师生上街游行,参加爱国运动。抗战时期,张雪门在极其困难的条件下,将香山慈幼院、北平幼师等转移到桂林、重庆等地,继续培养幼教骨干。为适应抗战需要,他极力主张对幼儿加强民族意识和爱国观点的教育,培养吃苦耐劳的习惯和自主的能力,提倡从生活中学习,从学习中改进生活。并积极准备进行儿童福利制

---

① 张雪门:《幼稚教育新论》,上海中华书局1936年版,第65页。

度实验及其推广工作,使幼儿教育为大众生活谋福利。可以说,支撑张雪门进行幼教实践始终的是他强种救国、改造民族、改善民生的宏愿。

张宗麟早在入读师范期间,就积极探寻救国之路,参加学生运动。他之所以选择研究幼儿教育,成为我国幼教史上男大学生当幼儿园教师的第一人,是出于强种强国、教育救国的热愿。他充分认识到幼儿教育的重要性,痛心于这一领域为帝国主义传教士所把持,影响国家建设的根基,因此不顾社会的轻视和家庭的阻挠,走进幼儿园,走进幼儿教育。他协助陶行知举办乡村教育实践,是出于通过教育改造乡村,拯救国家的信念与志向。之后,他走上革命道路,全身心投入各项革命工作,是忠于国家与人民、建设党的教育事业的表率。

总之,是浙江这片文化热土,是那个特殊的年代,孕育了陈鹤琴、张雪门、张宗麟等堪称学贯中西、一方精英的幼儿教育家,他们汲养于家乡深厚的人文底蕴与现代多元的文化教育,出于拯救国家于危难之中的责任感与使命感,为国家与人民奉献了青春与热血。也正是他们的激情与奉献,迎来了新中国幼儿教育事业的发展与繁荣。他们的精神与追求是永远值得后来人继承与发扬的。

附　录

浙江幼儿教育大事记
（1844—2002 年）

1844 年（清道光二十四年）

英国基督教长老会东方女子教育会传教士爱尔德赛到宁波传教,在宁波城内祝都桥开办女塾。该校开设圣经、国文、算术和一些缝纫、刺绣等女红课,培养了一批幼稚园保教人员,是浙江第一所教会学堂,也是中国第一所近代女子学校。

19 世纪 80 年代

外国教会在宁波举办小孩察物学堂。小孩察物学堂一般附设于教堂或教会女校,仿照西方幼稚园制度,教师为牧师夫人或女传教士,学生男女兼收,教学内容重视宗教灌输和知识启蒙,故用"察物"命名。

1907 年（清光绪三十三年）

正月,经郑在常等呈请,由邵章、陈敬第于 1904 年开办的杭州女学堂改为杭州女子师范学堂,设保姆讲习所,初招收 18 岁以上女子 20 名入学,修业 1 年。保姆讲习所附设蒙养院,初时招收幼儿有 20 人,教员有 3 人,岁入岁出经费在六七百银元间,是全省第一所幼儿教育机构。

同年,美国基督教监理公会办在吴兴县的湖郡女学堂内附设蒙养院,招收有幼儿 20 余人,教员 1 人,蒙养院占地 3000 平方米,入园幼儿仅限于传教士及教徒子女。

1910 年（清宣统二年）

崇德县人蔡庆云与其女汪吟霞在崇德镇西横街创设"汪氏女塾"。1912 年,汪氏女塾附设蒙养园,招收幼童入学。该园为可考的浙江省内最早由国人自办的民间幼教机构。

1916 年

秋季,外国教会在杭州举办的浙江省弘道女学添设幼稚师范和普通师范,招收新生各 1 个班,并在法院路创设蒙养园。

1918 年

8 月,鄞县蔡氏私立丙等小学校校董蔡琴荪创办蔡氏星荫蒙养园,聘张雪门为首任园长。办园宗旨为"培植新人基础,补助家庭教育",设礼仪法、识字、认数、唱歌、手技、谈话、游戏、体育等科目。

1920 年

4 月,张雪门与杨菊庭等鄞县教育界 6 位知名人士发起募捐筹办的幼稚师范学校在城内湖西马眼漕马宅创办。该校初时招生 12 人,学制 2 年,张雪门任校长,延聘北京大学教授马裕藻、马廉等任教。这是浙江省最早的国人自办的独立的幼稚师范学校。

1923 年

5 月,浙江省教育厅拟定施行新学制标准及规定事项,规定原设蒙养园一律改称幼稚园,并要求各县自 1923 年度起至少筹设 1 所幼稚园。

1929 年

7 月 12 日,中华儿童教育社在浙江杭州成立,陈鹤琴担任主席。该社由南京鼓楼幼稚园、晓庄师范学校、中央大学实验小学等 22 个全国各地教育团体组成。社团宗旨是研究儿童教育,推进儿童福利,提倡教师专业精神;研究范围包括小学教育、幼儿教育和家庭教育等。

1932 年

奉化县立培本幼稚园附设幼稚师范科 1 个班,招收完小毕业以上文化程度的女生 22 人,学制 2 年。

1935 年

秋季,浙江大学教育系培育院成立。该院是教育系学生学习、研究"儿童心理学""儿童训导与心理卫生""儿童心理专题研究"等课程的实验基地,是致力于幼儿教育实验的示范性幼教机构。1937 年,因抗战爆发,幼儿安全无法得到保障而停办。

1938 年

浙江省教育厅在丽水县碧湖镇建立浙江省战时第一儿童保育院,专门收容在战火中与亲人离散的难童,其中凡 7 周岁以下的幼儿均编入幼儿班,施以学前教育。

1939 年

浙江省教育厅在云和县河上村建立浙江省战时第二儿童保育院,戚铮音任院长。全院有教职工 27 人,收养儿童 200 人,其中 3—7 周岁的儿童编入幼稚班,对其施以正规的学前教育和知识技能的培养,并进行抗日救国教育。

1944 年

浙江省教育厅公布了《幼稚园设置办法》,该《办法》共 31 条。

1949 年

9 月,浙江省军管会文教部、军区司令部、省妇联、省民政福利部于杭州市南山路创办浙江省直属机关儿童保育院,严永洁任院长。次年,该院设幼儿班 4 个,实行全托,入院幼儿 88 名,有教员 4 人,保姆 27 人。其后,各地区专署(绍兴、嘉兴等)先后举办机关保育院或托儿所。

1951 年

6 月,浙江省文教厅发出通知,提出要"有重点地开展幼稚教育"。10 月 1 日,政务院颁布《关于改革学制的决定》。11 月起,根据《决定》精神,浙江省内幼稚园改称幼儿园。同月召开的全省文教卫生工作会议提出要根据《决定》的精神发展幼儿教育事业。

秋季,绍兴市人民政府在城区鲁迅故居对面创办鲁迅幼儿园。始办时招收 3—4 周岁幼儿 70 余名,设小、中、大各 1 个班;有教职工 6 人,其中专任教养员 3 人。

1952 年

湖州地区菱湖丝厂等女工集中的丝厂、绸厂纷纷附设托儿所。菱湖丝厂托儿所幼儿的饮食费用全部由工厂工会及行政负担。

杭州市汪菊清和两位家庭妇女在自家私房内举办了一所街道民办幼儿园——武林幼儿园。

省文教厅按照《幼儿园暂行规程(草案)》和《幼儿园暂行教学纲要(草案)》中关于幼儿园教养原则与活动项目及对不同年龄特点的教育要求的规定,要求各幼儿园设置教养活动的项目为体育、语言、认识环境、图画与手工、音乐、计算等六科。

1953 年

杭州市人民政府决定,以杭州师范学校幼稚师范科为基础,建立浙江省杭州幼儿师范学校,校址选定杭州市西北文教区(即现址)。

1954 年

浙江省教育厅按教育部指示,将实际文化程度在高小毕业以上不及初师毕业程度的小学教师和幼儿园教养员,经过一定期限的训练,使他们在主要学科方面达到初师毕业文化水平。

1956 年

2 月,浙江省教育厅、省卫生厅、省妇联联合向各专署、市、县转发了内务部、教育部、卫生部《关于托儿所、幼儿园几个问题的联合通知》,强调发展幼儿教育事业应"全面规划,加强领导",贯彻"又快、又多、又好、又省"的发展方针,对幼儿教育的发展采取"两条腿走路"、公办和民办并举的方法。在城市由厂矿企业、机关、团体、群众举办,在农村提倡由农业生产合作社举办。

教育部正式颁布《幼儿园教育工作指南(初稿)》,浙江省教育厅将《指南》转发给各地学习,同时提出《浙江省教育厅1956年度幼儿教育工作的初步意见》。

1958 年

9月,中共中央、国务院《关于教育工作的指示》提出,全国应在3—5年时间内,使学龄前儿童大多都能入托儿所和幼儿园。浙江省作出部署,为解放农村妇女劳动力,要求社社队队都建立起托幼组织,以实现80%学龄前儿童入托。这一年,全省城乡幼儿园猛增到16541所,为1957年的19.5倍;在园幼儿达到149.86万人,为1957年的27倍。

浙江省教育厅根据中共中央规定的教育工作方针,提出大力加强政治思想工作是幼儿园教育的首要任务。

1959 年

各地县文教局每年举办教养员短训班,从现有教师中选拔优秀教养员加以训练,使整体师资素质得以提高。训练时间一般为10天左右,主要学习幼儿心理学、幼儿语言和常识、幼儿体操和保健知识,并进行绘画和音乐基本技能的训练。

1960 年

秋季开始,以原杭州幼儿师范学校为基础,建立杭州幼儿师范专科学校。学校设文史、教育、艺术三科,学制4年,招收初中毕业生。

下半年,浙江省教育厅根据教育部和全国妇联《关于在幼儿园教学汉语拼音、汉字和算术的通知》,部署在教改试点的幼儿园中进行汉语拼音、识字和算术教学。同时根据适当缩短年限、适当提高程度、适当控制学习时间、适当增加劳动的要求,制定了《浙江省1960—1961学年度教改试点幼儿园作业计划(草案)》,供3—6周岁半的教改试点幼儿园执行。

1963 年

浙江省教育厅颁发《浙江省幼儿园各科教学大纲(草案)》,对幼儿园各科教学的要求和内容进一步作出规定。该《大纲》的实施进一步巩固了分科教学的课程模式。

1968 年

绍兴化肥厂"工宣队"进驻塔子桥小学,改其校名为"绍化五七学校",新风幼儿园为该校分部。绍兴茶厂"工宣队"进驻塔山中心小学,改其校名为"绍兴茶厂五七学校",鲁迅幼儿园、大坊口幼儿园为该校分部。1972 年各园恢复原名,1973 年后陆续独立设园。

1978 年

因各地师范恢复发展,浙江省教育厅决定杭州幼儿师范专科学校以招收初中毕业生的幼教普通班和幼儿师资培训为主,定名为浙江幼儿师范学校。

1979 年

10 月,浙江省教育厅、省卫生厅、省劳动厅、省教育工会、省妇联共同主持召开全省托幼工作会议,会议传达贯彻全国托幼工作会议精神,部署恢复和发展全省托幼事业;提出要加强党对托幼工作的领导,发挥各部门的作用,坚持"两条腿走路"的方针,恢复、发展、整顿、提高各类托幼组织;提出幼儿教育的任务是把学龄前儿童培养成为体魄健壮、品德良好、智力发达的新一代人。

12 月,浙江省幼儿教育研究会在杭州成立,由吕静担任会长,会员 88 名,挂靠单位为浙江幼儿师范学校。1993 年上半年,该会更名为浙江省教育学会学前教育分会,简称浙江省学前教育研究会。

1980 年

温州乐清苔东乡知青高淑霜创办了第一个家庭幼儿班。

1982 年

1 月,由浙江省教育厅主管主办、浙江幼儿师范学校和浙江教育编辑部联合出版《幼儿教育》创刊号出版发行。

3 月,浙江省教育厅召开了全省示范性幼儿园会议,研究了办好示范性幼儿园、加强园主任的配备和提高保教质量等问题,还规定"各级教育行政部门要认真办好示范性幼儿园",要求把示范性幼儿园办成培训幼儿教师和开展幼儿教育科研的基地。

宁波市第十四中学开办幼师职高班。

退休教师金爱莲在乐清虹桥镇发起创办春华幼儿园,它是浙江省第一所由群众集资联办的股份制幼儿园。

1984 年

浙江省人民政府批准建立温州幼儿师范学校。该校初设 12 个班,是浙南唯一一所以培养幼儿教师和学前教育管理、科研人员为目标的师范院校。

1985 年

香港同胞闻儒根捐款 20 万元人民币,拆除其在宁波的闻氏祖居建幼儿园 1 所。1987 年又捐资 33 万元人民币给杭州市西湖幼儿园建新园舍,成立了在幼教界较有名望的闻裕顺幼儿园。

1987 年

杭州大学教育系在本科学校教育专业中开设学前教育专门化方向,尝试培养本科学历的幼儿师范学校的教育学师资和具有一定研究能力的幼儿园师资。1987 年和 1988 年各招生 1 个班,共 50 人。

1988 年

浙江师范大学被批准设立高中起点专科学前教育专业,招收高中毕业生,培养具有大学专科学历的幼儿园一线教师。

1989 年

12 月,宁波中等专业学校分校改建为宁波幼儿师范学校。

1992 年

浙江省教育厅拟定《浙江省示范幼儿园标准(征求意见稿)》。《标准》分别对园舍设备、工作人员、园务管理、卫生保健、教育工作等五个方面作出了明确的要求和规定。1994 年,根据《关于对示范性幼儿园进行达标检查和重新认定的通知》,浙江省教委组织检查组对各地市推荐接受达标检查的幼儿园作了检查。

1993 年

浙江幼儿师范学校设立专科学前教育专业,招收优秀幼师毕业生,培养具有大学专科学历的幼儿园一线教师。

1994 年

在城市已普及学前三年教育、幼儿教育格局基本优化的情况下,浙江省教委重点加强对农村幼儿教育事业的领导,提出重点办好农村乡镇中心幼儿园,以点带面,整体推进的工作思路。

1996 年

1 月,浙江省教委颁发《乡镇中心幼儿园标准》。

1998 年

浙江省人民政府转发了由省教育厅制定的《关于加快我省幼儿教育改革和发展的意见》,坚持动员社会力量,多渠道、多形式发展幼儿教育。

2001 年

1 月,温州幼儿师范学校与温州师范学院合并。

7 月,浙江师范大学杭州幼儿师范学院并入浙江师范大学,成立浙江师范大学杭州校区。同月,宁波邵逸夫艺术幼儿师范学校与宁波大学师范学院合并。

2002 年

4月,浙江省教育厅召开了全省幼儿教育工作会议,制定了分地区的幼儿教育发展策略,就加强幼儿教育管理、办园体制改革、师资队伍建设、加大幼教投入和提高保育教育质量等方面作了相应的部署,并把学前三年幼儿入园率、示范性幼儿园建设和乡镇中心幼儿园建设作为"教育强县""教育强镇"的重要指标,促使各级政府和教育部门不断强化对幼儿教育重要性的认识。

秋季,浙江师范大学杭州幼儿师范学院和杭州师范学院教育学院开设四年制本科学前教育专业,招收高中毕业生,培养具有大学本科学历的幼儿园一线教师。是年各招生2个班共约160人。

参考文献

一、史料类

1. 北京市教育科学研究所编:《陈鹤琴全集》,江苏教育出版社 1987 年版。

2. 戴自俺主编:《张雪门幼儿教育文集》,北京少年儿童出版社 1994 年版。

3. 张沪编:《张宗麟幼儿教育论集》,湖南教育出版社 1985 年版。

4. 中国学前教育研究会编:《百年中国幼教》,教育科学出版社 2003 年版。

5. 中国学前教育史编写组编:《中国学前教育史资料选》,人民教育出版社 1989 年版。

6. (民国)教育部编:《第二次中国教育年鉴》,商务印书馆 1948 年版。

7. 刘绍唐主编:《第一次中国教育年鉴》,传记文学出版社 1977 年版。

8. 浙江省政协文史资料研究委员会编:《浙江近代著名学校和教育家》,《浙江文史资料》第 45 辑,浙江人民出版社 1991 年版。

9. 北京市陈鹤琴教育思想研究会编:《陈鹤琴研究资料》,2002 年内部发行。

10. 浙江省教育厅编:《浙江省教育事业统计资料》,内部发行。

11. 浙江省教育厅编:《浙江省幼儿教育工作政策选编》,2004 年内部发行。

12.《浙江师范大学杭州幼儿师范学院建院五十周年纪念册》,2003年内部发行。

二、志书类

1. 浙江省教育志编纂委员会编:《浙江省教育志》,浙江大学出版社2004年版。

2. 邵祖德、张彬编:《浙江教育简志》,浙江人民出版社1988年版。

3. 浙江省社会科学研究所编:《浙江人物简志》,浙江人民出版社1984年版。

4. 金华市教育志编纂委员会编:《金华市教育志》,浙江人民出版社1993年版。

5. 杭州市教育委员会编:《杭州教育志》,浙江教育出版社1994年版。

6. 金华县教育志编纂委员会编:《金华县教育志》,浙江人民出版社1992年版。

7. 余姚市教育委员会编:《余姚市教育志》,1992年内部发行。

8. 东阳市教育志编纂委员会编:《东阳市教育志》,浙江大学出版社1994年版。

9. 浦江县教育志编纂委员会编:《浦江县教育志》,1988年内部发行。

10. 建德县教育局编:《建德县教育志》,1986年内部发行。

11. 杭州市上城区教育局编:《杭州市上城区教育志》,浙江人民出版社1993年版。

12. 杭州市西湖区教育委员会编:《杭州市西湖区教育志》,杭州大学出版社1995年版。

13. 黄岩县教育委员会编:《黄岩县教育志》,团结出版社1990年版。

14. 王祖定主编:《丽水市教育志》,西安地图出版社1994年版。

15. 温州市教育志编纂委员会编:《温州市教育志》,中华书局1997

年版。

16. 宁波市教育委员会编:《宁波市教育志》,浙江教育出版社 1996 年版。

17. 陈慕榕主编:《青田县教育志》,浙江人民出版社 1994 年版。

18. 云和县教育志编纂委员会编:《云和县教育志》,西安地图出版社 1992 年版。

19. 绍兴市教育志编纂委员会编:《绍兴市教育志》,上海教育出版社 1994 年版。

20. 黄逸主编:《湖州市教育志》,浙江教育出版社 1995 年版。

21. 海宁市教育志编纂委员会编:《海宁市教育志》,浙江教育出版社 1995 年版。

22. 庆元县教育局编:《庆元县教育志》,西安地图出版社 1994 年版。

23. 瑞安市教育委员会教育志编纂组编:《瑞安市教育志》,江西人民出版社 1992 年版。

24. 淳安县教育志编纂委员会编:《淳安县教育志》,汉语大词典出版社 1991 年版。

25. 临海市教育志编纂委员会编:《临海市教育志》,浙江人民出版社 1997 年版。

26. 王晓南主编:《仙居县教育志》,浙江教育出版社 1998 年版。

27. 俞海青主编:《奉化教育志》,浙江人民出版社 2003 年版。

28. 戴之庠主编:《嘉善县教育志》,嘉善县教育局 1992 年内部发行。

29. 乐青县教育委员会教育志编纂组编:《乐清县教育志》,中国人事出版社 1993 年版。

30. 永嘉县教育局教育志编纂组编:《永嘉县教育志》,海洋出版社 1997 年版。

31. 平阳县教育志编纂组编:《平阳县教育志》,上海社会科学院出版社 1997 年版。

32. 林友坚主编:《洞头县教育志》,洞头县教育局 1996 年内部发行。

33. 文成县教育志编纂委员会编:《文成县教育志》,华东师范大学出版社 1998 年版。

　　34. 平湖县教育志编纂委员会编:《平湖县教育志》,1995 年内部发行。

　　35. 海盐县教育局编:《海盐县教育志》,1990 年内部发行。

　　36. 潘惠忠主编:《桐乡县教育志》,浙江教育出版社 1997 年版。

　　37. 童纯性主编:《浙江省安吉县教育志》,浙江大学出版社 1993 年版。

　　38. 长兴县教育志编纂组编:《长兴县教育志》,1995 年内部发行。

　　39. 诸暨县教育局编:《诸暨县教育志》,1988 年内部发行。

　　40. 上虞市教育志编纂委员会编:《上虞教育志》,1993 年内部发行。

　　41. 嵊县教育局编纂:《嵊县教育志》,1990 年内部发行。

　　42. 新昌县教育局编:《新昌县教育志》,1991 年内部发行。

　　43. 东阳市教育志编纂委员会编:《东阳市教育志》,浙江大学出版社 1994 年版。

　　44. 义乌教育志编纂组编:《义乌教育志》,1986 年内部发行。

　　45. 永康县教育局编:《永康县教育志》,1990 年内部发行。

　　46. 兰溪市教育委员会编:《兰溪教育志》,浙江人民出版社 1993 年版。

　　47. 武义县教育志编纂委员会编:《武义县教育志》,1993 年内部发行。

　　48. 磐安县教育志编纂组编:《磐安县教育志》,磐安县教育局 1992 年内部发行。

　　49. 严聚生主编:《龙游县教育志》,龙游县教育志编纂办公室 1992 年内部发行。

　　50. 江山市教育委员会编纂:《浙江省江山市教育志》,团结出版社 1992 年版。

　　51. 台州地区教育志编纂委员会编:《台州教育人物志》,团结出版社 1992 年版。

　　52. 开化县教育委员会编:《开化县教育志》,1989 年内部发行。

53. 岱山县教育委员会编:《岱山县教育志》,1996 年内部发行。

54. 舟山市教育志编纂办公室编:《舟山市教育志》,红旗出版社 1996 年版。

55. 玉环县教育委员会编:《玉环县教育志》,浙江人民出版社 1993 年版。

56. 缙云县教育志编纂组编:《缙云县教育志》,1988 年内部发行。

57. 阙良庆主编:《松阳县教育志》,西安地图出版社 1994 年版。

58. 遂昌县教育委员会编:《遂昌县教育志》,西安地图出版社 1993 年版。

59. 萧山县教育志编委会编:《萧山县教育志》,1987 年内部发行。

60. 余杭县教育委员会编:《余杭县教育志》,1988 年内部发行。

61. 戴垣主编:《富阳县教育志》,浙江省轻工业厅印刷厂 1990 年印行。

62. 桐庐县教育委员会编:《桐庐教育志》,1991 年内部发行。

63. 慈溪市教育委员会编:《慈溪教育志》,1993 年内部发行。

64. 鄞县教育志编纂办公室编:《鄞县教育志》,海洋出版社 1993 年版。

65. 宁海县教育志编写组编:《宁海县教育志》,1989 年内部发行。

66. 象山县教育志编纂委员会编:《象山县教育志》,1990 年内部发行。

三、论著类

1. 陈鹤琴:《我的半生》,江西省教育用品厂 1941 年版。

2. 张雪门:《幼稚教育新论》,上海中华书局 1936 年版。

3. 史慧中编著:《新中国幼儿教育 50 年简史》,中国学前教育研究会 1999 年内部发行。

4. 张彬主编:《浙江教育史》,浙江教育出版社 2006 年版。

5. 张彬:《从浙江看中国教育近代化》,广东教育出版社 1996 年版。

6. 孙培青主编:《中国教育史》,华东师范大学出版社 1992 年版。

7. 费正清、赖肖尔著,陈仲丹、潘兴明、庞朝阳译:《中国传统与变革》,江苏人民出版社1996年版。

8. 李永鑫主编:《绍兴名士评传》,远方出版社2002年版。

9. 王春燕:《中国学前课程百年发展与变革的历史研究》,教育科学出版社2004年版。

10. 唐淑、钟昭华主编:《中国学前教育史》,人民教育出版社1993年版。

11. 何晓夏主编:《简明中国学前教育史》,北京师范大学出版社1990年版。

12. 朱静怡:《幼儿园发展能力课程》,南京师范大学出版社2003年版。

13. 浙江省教育厅编:《日出江花红胜火》,浙江教育出版社2004年版。

14. 丁碧英主编:《浙江省私立幼儿园发展研究》,新时代出版社2006年版。

15. 张彬:《浙江教育家和中国近代教育》,浙江大学出版社2008年版。

四、论文类

1. 王炳照、秦学智:《陈鹤琴学前教育思想的传统文化渊源》,载《学前教育研究》2006年第3期。

2. 徐悦华:《试论陈鹤琴幼儿教育的实践与创新》,载《学前教育研究》2006年第3期。

3. 张沪:《中国第一位男性幼儿园教师》,载《幼儿教育》1991年第11期。

4. 程秀兰:《陈鹤琴幼儿教育思想及其成因》,载《学前教育研究》2006年第3期。

5. 戴自俺:《张雪门先生生平及其幼儿教育思想》,载《幼儿教育》1991年第3期。

6. 胡审严:《张雪门与近代中国的幼儿教育》,载《浙江万里学院学报》2001 年第 3 期。

7. 李涛:《论近代知识分子的文化转型》,载《辽宁师范大学学报》2003 年第 7 期。

8. 林良夫:《民国时期教育家群体特征论析》,载《华东师范大学学报(教育科学版)》1999 年第 4 期。

9. 王健敏:《加强乡镇中心幼儿园建设,促进农村幼教事业发展的对策研究》,载《幼儿教育(教育科学版)》2006 年第 5 期。

10. 课题组:《浙江省发展民办幼儿园政策解析》,载《教育发展研究》2005 年第 9 期。

11. 丁碧英:《论温州幼教模式》,载《幼儿教育》1999 年第 11、12 期。

后 记

　　1988 年,我入读杭州大学教育系学前教育专门化方向,从此与学前教育特别是浙江的学前教育事业结下不解之缘。日前大学同学聚会,88 级学前教育班 25 位同学中除包括我在内的三人还在从事学前教育方面的工作外,其他都已转行,令人感慨。作为上世纪八九十年代以来浙江省高等幼儿师范教育改革的亲历者,我常常为近 20 年来浙江幼儿教育大刀阔斧的改革与发展而心潮澎湃。2005 年恰逢浙江省文化研究工程第一批立项,我欣然申报"浙江幼儿教育发展史"这一课题,希望以此展示百年来浙江幼儿教育巨大的发展成就。课题获得了丁碧英、史惠英、朱丽丽等既是幼师老领导、老教师也是浙江省学前教育专家的全力支持与无私帮助,他们为课题提供了大量珍贵资料,还亲自撰写了浙江省学前教育研究会发展历程等内容,在此致以深深的敬意与感谢! 同时,也要感谢幼教行政与教研部门的领导和主要人员刘惠玲、陈熙熙、虞莉莉、王建敏等给课题提供了大量的一手资料和多方支持! 还要感谢朱静怡、王芳等特级教师和秦金亮、张宝臣、洪维、陈敏、叶亚玲、张虹、胡金标等教授同人以及杭州市行知幼儿园等多所幼儿园为课题研究提供了丰富的一手资料与热情支持! 最后,要感谢我的家人,他们的支持是我完成课题的信心与动力。

　　本书在写作过程中力求客观,还历史本来之面目。在史料收集中,力求尽可能多地收集材料并加以分析。但由于本人能力有限,客观上有些资料也难以找寻或把握,所以还存在很多不足之处,敬请各位同人谅解并不吝指教。

吕　萍

2009 年 6 月